Volker Eismann

Der Auftrag

Langenscheidt

Berlin · München · Wien · Zürich · New York

Der Auftrag

von Volker Eismann

Der Auftrag basiert auf dem Lehrwerk *Die Suche:*
den Text der Geschichte schrieb Hans Magnus Enzensberger,
das Lehrwerk wurde entwickelt von Volker Eismann, Kees van Eunen, Brigitte Helmling,
Bernd Kast, Ingrid Mummert und Maria Thurmair. Das visuelle Konzept des Lehrwerks „Die Suche"
wurde von Klaus Meyer entwickelt.

Layout: Monika May-Vetter
Illustrationen: Olivier Mazaud und Bernard Perchey, Paris

Fotos: Hubert Eichheim, München,
mit Ausnahme von
S. 12: 2. R. li.: Simone Fischer, München; restl. Fotos: Klaus Meyer, München
S. 13: 1. R. re., 2. R. re., 4. R. Mi. u. re.: Hans Rohrer, München; 3. R. Mi.: Ille Oelhaf, Hamburg;
    restl. Fotos: Klaus Meyer, München
S. 32: Ille Oelhaf, Hamburg
S. 44: Hotel Bayrischer Hof, München
S. 56: Lufthansa Bildarchiv
S. 61: Bavaria Bildagentur, Gauting

CD 1: Folgen 1–13 (Laufzeit: 67 Minuten)
CD 2: Folgen 14–28 (Laufzeit: 76 Minuten)
Folgen 1–24 mit jeweils anschließenden Sprechübungen

Hörspieltext: H. M. Enzensberger
Text der Sprechübungen: Brigitte Helmling

Sprecher: Nils Bennemann, Ulrich Bernsdorf, Herbert Bornebusch, Thomas Brennicke, Anja Buczkowski,
Hermann Dommel, Adela Florow, Pierre Franckh, Ulrich Frank, Maximilian Klee, Sylvia Kloss, Karin
Kernke, Peter Thom

Musik: Heinz Graf

Ton und Technik: Heinz Graf, Manfred Mayer, Klaus Schmid, Monika Volger, Bernd Hussnätter

Tonstudio: Violet Sound, München

Regie: Hermann Wimmer

© 1993 Langenscheidt KG, Berlin und München

Druck: Druckhaus Langenscheidt, Berlin
Printed in Germany · ISBN 3-468-49810-1

Inhaltsverzeichnis

Vorwort

Liebe Kolleginnen und Kollegen,

vielleicht kommt einigen von Ihnen *Der Auftrag* mit der Geschichte von Gröger und Schlock auf der Suche nach einer Frau bekannt vor. Sie wurde in der Tat von Hans Magnus Enzensberger für das Grundstufenlehrwerk *Die Suche* verfasst.

Das amüsierte Interesse, das die Geschichte spontan bei den meisten Kursteilnehmern weckt, und die außergewöhnliche Qualität der Höraufnahme haben eine ganze Reihe von Kollegen dazu bewogen, das Hörspiel und/oder den Text als Zusatzmaterial auch in Kursen einzusetzen, bei denen mit anderen kurstragenden Lehrwerken gearbeitet wurde, insbesondere aber auch
- in „Auffrischkursen", bei denen in möglichst kurzer Zeit das Anschlussniveau für ein weiterführendes Lehrwerk erreicht werden soll,
- bei (sprachlich) heterogenen Lernergruppen, um Kenntnislücken zu identifizieren und aufzuarbeiten,
- in Individualkursen.

Der Auftrag mit seinem neuen, gezielt auf das Training des Hörverstehens ausgerichteten, eigenen Aufgaben- und Übungsangebot ist für diesen Einsatz in Auffrischkursen, als kursbegleitendes Zusatzmaterial (Training Hörverstehen) und für autonome Lerner bestimmt.
Um mögliche Konfusionen zwischen Lehrwerk und Neubearbeitung auszuschließen, erschien es uns deshalb ratsam, den Titel zu ändern.

Was *Der Auftrag* ist, erfahren Sie auf den folgenden Seiten.
Wie Sie damit arbeiten können, dafür gibt es Hinweise auf den Seiten 99ff.

Sehr geehrte Damen, sehr geehrte Herren,
- wenn Sie schon Grundkenntnisse in Deutsch haben,
- wenn Sie diese Deutschkenntnisse auffrischen und verbessern wollen,
- wenn Sie Hörverstehen, Leseverstehen, Grammatik, schriftlichen und mündlichen Ausdruck trainieren wollen,
- und wenn Sie sich wünschen, dass das Lernen Spaß macht,
dann begleiten Sie unsere beiden Herren **Gröger** und **Schlock** bei ihrem „Auftrag".

Die beiden Herren kennen **Sie** noch nicht, aber sie brauchen **Ihre** Hilfe, denn ohne **Sie** kommen sie nicht weiter.
Sie kennen die beiden Herren noch nicht, aber **Sie** brauchen ihre Hilfe, denn ohne sie kommen **Sie** nicht weiter.
Es gibt also gute Gründe, dass Sie zusammenarbeiten.

Was der Auftrag ist, erfahren Sie auf den folgenden Seiten.
Wie Sie damit arbeiten können, dafür gibt es Hinweise auf den Seiten 10–11.

I. *Der Auftrag*

1. Eine Geschichte zum Hören, zum Lesen und zum Lernen

Hörspiel und Text bestehen aus 28 Folgen, in denen eine systematische Progression bei Wortschatz, Grammatik und Schwierigkeit der Texte angelegt ist.
Jede Folge bringt etwas Neues und wiederholt Bekanntes.

Die Geschichte: spannend und amüsant zugleich

Gröger und Schlock, zwei Detektive (aber sind sie das wirklich?) haben von ihrer Chefin (aber wer ist das eigentlich?) den Auftrag bekommen (aber worum geht es in Wirklichkeit?), Informationen über Zaza, eine geheimnisvolle Frau (aber ist das eine Frau oder sind es zwei?) herauszufinden.
Sie sehen schon: Es gibt mehr Fragen als Antworten – und immer neue Verquickungen führen schließlich zum (provisorischen) Schlussakt einer abenteuerlichen Komödie.

Die Progression: Beginn Niveau A1 > Ende Niveau A2

Die Geschichte beginnt im Hinblick auf

* die Einführung der sprachlichen Mittel (Wortschatz, Wendungen, Strukturen),
* die Sprachverwendungssituationen und Textsorten,
* Länge und Schwierigkeitsgrad der Texte,

auf A1-Niveau (Anfänger) und führt in einer systematischen Progression bis Ende Niveau A2. (Siehe auch Übersicht zur Grammatikprogression auf S. 7)

2. Die Bestandteile: 2 CDs und 1 Buch

Auf den beiden **CDs** gibt es die 28 Folgen des Hörspiels sowie Sprechübungen zu den Folgen 1–24.

Die Hörspielfolgen haben unterschiedliche Dauer: anfangs zwischen 1–3 Minuten, gegen Ende zwischen 6 und 11 Minuten pro Folge. Jede Folge erzählt ein eigenständiges Kapitel der Handlung.

In den jeweils anschließenden **Sprechübungen** werden wichtige Redemittel aus der jeweiligen Folge noch einmal aufgenommen, variiert und durch weitere, sprechübliche Wendungen ergänzt.
Sie erlauben die gezielte Wahrnehmung von Sprachmustern und dienen als Modelle zum Nachsprechen.

Das Buch enthält ...

* Hinweise für Lehrer und für autonome Lerner
* Aufgaben und Übungen zu jeder Folge
* die Textfassung zu jeder Folge
* die Transkripte der Sprechübungen
* einen Lösungsschlüssel für alle Aufgaben

Die Aufgaben

Zu jeder Hörspielfolge gibt es Aufgaben auf 2 Arbeitsblättern, die – beim Einsatz im Unterricht – als Kopiervorlage dienen.
Das Aufgabenangebot zu einer Hörspielfolge besteht immer aus 2 getrennten Blöcken:

Block 1: DIE SITUATION
Gemeinsamer Nenner dieser Aufgaben sind:

* Erinnerung an oder Einstimmung auf den Kontext (Häufig nehmen diese Aufgaben Bezug auf die Illustrationen.)
* Festigung oder Vorentlastung von Wortschatz und Strukturen

Block 2: DAS HÖRSPIEL

Alle Aufgaben in diesem Teil betreffen den Hörtext oder setzen dessen Bearbeitung voraus.

Die Aufgabenziffern werden ergänzt durch einen zusätzlichen Hinweis:

°° Im allgemeinen handelt es sich um Aufgaben zum globalen und/oder selektiven Textverständnis.

° Meistens sind dies Aufgaben zum Detailverstehen, oft mit Vorgaben für den gezielten Einsatz bestimmter Redemittel oder Strukturen bei den Antworten.

Aufgaben ohne Kennzeichnung fordern zu ergänzenden (schriftlichen oder mündlichen) Äußerungen auf und können bei Zeitknappheit ausgelassen werden.

Hören Sie den Text an: Diese Aufforderung steht nur bei der jeweils 1. Aufgabe.

Natürlich wird es je nach Niveau der Lerner bzw. Schwierigkeit und Länge der Texte notwendig sein, die Hörspielfolge vor den folgenden Aufgaben und gegebenenfalls zur Überprüfung der Antworten noch einmal oder mehrmals anzuhören.

Für alle Aufgaben ist eine schriftliche Ausführung auf den Aufgabenblättern vorgesehen:

- etwas ankreuzen (z.B.: Ja/Nein – Falsch/Richtig) = ☐
- etwas notieren (z.B.: 1, 2, 3 ... oder a, b, c, ...) = _____
- ein Wort oder eine grammatische Form ergänzen = _____
- Stichworte notieren, einen Satz formulieren = _____

> In den Kästen stehen Wörter oder Satzelemente, die bei einer Aufgabe verwendet werden sollen.

Textfassung

Die Textfassung zu jeder Hörspielfolge dient – beim Einsatz im Unterricht – ebenfalls als Kopiervorlage.
Sie weicht mitunter geringfügig von der Hörspielfassung ab und enthält zusätzliche Kommentare des Erzählers.

Lösungen

Zu allen Aufgaben – mit Ausnahme der reinen „Meinungsfragen" – gibt es einen Lösungsschlüssel (S. 122 ff).
Dort, wo mehrere Antworten möglich sind, werden Antwortbeispiele genannt.

3. Zielgruppen: Kursteilnehmer oder autonome Lerner auf A2-Niveau

Das Material ist bestimmt für Kursteilnehmer auf A2-Niveau mit „Auffrischungsbedarf", für „falsche Anfänger", für „Wiedereinsteiger", als kursbegleitendes Zusatzmaterial zum Training des Hörverstehens und zur Festigung von Sprachkenntnissen und -fertigkeiten und eignet sich insbesondere auch für autonome Lerner. (Siehe S. 10–11 und Übersicht, S. 100)

Trotz der auf Anfänger-Niveau aufbauenden Progression ist der Einsatz in Kursen auf A1-Niveau nicht unbedingt zu empfehlen, da sonst bei der wünschenswerten zügigen Bearbeitung des Hörspiels die im Text angelegte sprachliche Progression zu schnell an das Niveau der Kursteilnehmer heranführt und dieses dann gewissermaßen „überholt".

Der Auftrag: Progression						
Der Auftrag: optimaler Einsatz						
Europäischer Referenzrahmen	A1	A1+	A2	A2+	B1	B2
GI-Zertifikate			GRUNDBAU-STEIN D.	TEST DEUTSCH	ZDaF	ZDaF + ZDfB

4. Grammatikprogression: Übersicht

Grammatische Aspekte, die in den Texten der jeweiligen Folgen eingeführt bzw. gezielt dargestellt werden

Folge	Artikel/Pronomen	Kasus/Präpositionen	Verbformen/Verben	Syntax/Konnektoren	Diverses

1–7	• definit
	• indefinit
	• possessiv
	• negativ (*kein*)
	• demonstrativ
	• Personal-
	  pronomen
	• Fragepronomen
		• **Nominativ**
		• **Akkusativ**
		
		• Präpositionen
		  (rezeptiv, ohne
		  systematische
		  Bearbeitung)
			• **Präsens**
			• **Präteritum (1)**
			  (war, hatte, wollte)
			• **Imperativ** *(Sie)*
			• Verben: regelmäßig/
			  unregelmäßig
			• Präfixverben
				• **Aussage**
				• **Satzfrage/W-Frage**
				• **Aufforderung**
				• **Nebensatz:**
				  indirekte Frage,
				  Relativsatz (1)
				• *und, oder, aber*
				• *weil, ob, dass*
					• Singular/Plural
					• Fragewörter:
					  *Warum, Wo, …
					  Welch-*
					• Negation:
					  nicht/kein
					• *sondern*
					• Zahlen

8	• *jeder, jeden*	• Präpositionen + Akkusativ	• *werden*	• *weil, denn*	• Ortsangaben
9			• **Perfekt**	• Perfektform im Satz	• Zeitangaben

10		• **Dativ** : Artikel,
		  Pronomen, Nomen
			• Verben +
			  Dativobjekt
			• Imperativ *(du/Sie)*
					• *schon,
					  noch nicht*

11		• **Dativ**	• Verben + Dativ	• *wenn*	

12		• Präpositionen +
		  Dativ
			• *müssen, können*	• Modalverben im
				  Satz
					• Adverbien im
					  Satz

13	• Relativpronomen	• Präpositionen + Akk. oder Dat.	• *stehen/stellen*	• Relativsatz (2)	• Ortsangaben
14			• *sollen, dürfen, möchte, lassen*	• *weil*	
15		• Präpositionen + Akk. oder Dat.	• *mögen*		
16		• **Genitiv:** Artikel, Pronomen, Nomen	• *lassen*		

17	• Relativpronomen	• Präpositionen bei
		  Nomen, Adjektiven
			• **Präteritum (2)**	• **Relativsatz**	• Personal-
					  angaben

18	• Reflexivpronomen	• Präpositionen bei Verben	• reflexiv/reziprok	• *weil, denn, deshalb*	
19	• *einer, eine*			• **Infinitivsatz** + *zu;* • *wenn*	• Zeitangaben
20		• **Adjektiv** (1) „schwach"			• Zeitangaben
21		• **Komparativ**		• Infinitivsatz + *zu*	• Uhrzeiten
22		• **Superlativ**	• Partizip Präsens	• **Relativsatz**	
23		• **Adjektiv** (2) „stark"	• Verben + Präpos.		• *davon, wovon; darüber, …*
24	• *eines, keins …*		• **Plusquamperfekt**	• *als, wenn*	
25	• *jemand*	• Nomen (1) „stark"		• *als*	• *Jahreszahlen*
26		• Nomen (2) „schwach"		• **Nebensatz**	
27		• Nomen + Präpos.	• **Verben + Präpos.**	• **Nebensatz**	
28	• *meiner, deiner, …*	• Präpositionen bei Relativpronomen	• **Futur**		

Folge 1–28: Zusammenfassung der Handlung	Textsorten, die vorkommen
1 Zwei Männer – Gröger und Schlock – warten in der U-Bahn. Sie suchen eine Frau. Ihr Name ist Zaza. Plötzlich sehen sie diese Frau. Sie steigt in die U-Bahn ein. Die beiden Männer folgen ihr.	*Gespräch*
2 „Ihre Fahrkarten bitte!", sagt der Kontrolleur. Schlock findet seine nicht und das kostet ihn 60 Mark. Doch haben die beiden Herren keine Zeit, sich zu ärgern, denn Zaza steigt aus.	*Gespräch*
3 Leider ist die Frau dann verschwunden. Die Kinder auf der Straße kennen Zaza vielleicht. Aber sie finden die beiden Herren sehr komisch und wollen nichts sagen. Gröger ist wütend.	*Gespräch*
4 Doch sie haben Glück. Sie finden ein Türschild mit dem Namen Z. Zapano-poulos. „Das ist sie!", ruft Schlock. Ein Postbote kommt. Gröger folgt ihm ins Haus und kommt mit einem Brief zurück.	*Gespräch* *Namen/Adressen*
5 Der Brief ist für Zaza. Natürlich öffnen sie ihn. Es geht um eine geheimnisvolle Reise, die Zaza nach Warschau machen soll. Aber wer sind dieser Joker, Charly, der Professor ...?	*Brief*
6 „Was wissen wir sicher?", fragt Gröger. Die beiden Herren sitzen in einem Park und versuchen, den Plan zu verstehen: Geht es um Kokain, um die Mafia, um Millionen Dollar?	*Gespräch*
7 Es ist Abend geworden. Zaza kommt durch den Park. Sicher geht sie zu einer der beiden Telefonzellen. Gröger und Schlock folgen ihr. Sie haben Glück: Einiges können sie verstehen.	*Gespräch* *Telefongespräch* *Erzähltext*
8 „Wo bin ich?" Es ist Nacht und Schlock träumt: von einer U-Bahn, die nicht hält, von New York, von zwei Männern, die seinen Pass sehen wollen, von einem Koffer voll Geld, ... und von Zaza.	*Traummonolog*
9 Es ist halb zwei nachts. Gröger schreibt noch an seinem Bericht: „Z. arbeitet für eine amerikanische Firma. ... Wir sind auch nach Warschau gefahren. ..." Übertreibt er da nicht etwas?	*Erzähltext* *schriftlicher Bericht*
10 Beim Frühstück hat Gröger schlechte Laune. Nichts schmeckt ihm und Kaffee ist auch keiner mehr da. Schlock ärgert sich und sagt ihm mal richtig die Meinung.	*Gespräch*
11 Nachts hat es geschneit. Die Kinder sind draußen und bauen einen Schnee-mann. Gröger und Schlock helfen ihnen dabei. Heute denken sie nicht an ihre Arbeit.	*Gespräch* *Erzähltext*
12 Leider ist die Heizung kaputt. Die beiden Herren wärmen sich mit heißem Tee. Gröger schlägt vor, dass sie einander duzen, aber in Wirklichkeit hat er wenig Vertrauen in seinen Kollegen.	*Gespräch* *innerer Monolog* *Gebrauchsanweisung*
13 Schlock hat mit seinem Fernglas Zazas Wohnung beobachtet. Ihr Nachbar, dieser Professor, ist bei ihr gewesen. Aber was er dort gemacht hat, konnte Schlock leider nicht genau erkennen.	*Gespräch* *mündlicher Bericht*

14	Gröger und Schlock sind ratlos. Gröger hat die Nase voll und will raus aus Berlin. Schlock möchte lieber im Restaurant essen. Aber was sollen sie der Chefin in ihrem Bericht schreiben?	*Gespräch*
15	Gröger und Schlock haben es nicht leicht. Leute, die Deutsch lernen, auch nicht. Die einen haben Probleme mit ihrer Chefin, die anderen haben Probleme mit den Präpositionen!	*innerer Monolog*
16	Gröger und Schlock leisten sich ein gutes Essen im Restaurant. Dort entdecken sie Zaza mit einem Begleiter. Beim Weggehen vergisst sie ihre Tasche. Schlock nutzt die gute Gelegenheit.	*Gespräch*
17	Der Kellner hat sie beobachtet. Sie müssen ihm folgen und werden 200 DM los. Aber alle interessiert der Inhalt der Tasche: eine Adressenliste, Zazas Pass, ein Flugticket nach Frankfurt …	*Gespräch* *Adressen* *Personalangaben*
18	Zaza nach Frankfurt folgen, dafür haben die beiden Herren natürlich kein Geld. Doch bekommen sie unerwartete Hilfe: Der Joker, von dem in dem Brief die Rede war, besucht sie.	*Erzählung* *Gespräch*
19	Natürlich sind sie sich mal wieder nicht einig: Schlock will mit dem Joker zusammenarbeiten. Gröger ist dagegen. „Dieser Typ ist gefährlich!", meint er.	*Gespräch*
20	Ein Intermezzo? Ein Märchen? Der „Dicke" und der „Dünne" auf der Suche nach einer wunderschönen Prinzessin: Kennen wir die nicht?	*Märchen*
21	Am Schalter im Flughafen verläuft alles ziemlich chaotisch, aber schließlich bekommen Gröger und Schlock dann doch noch einen Platz in derselben Maschine wie Zaza.	*Gespräch*
22	Während des Flugs bekommt Gröger Angst: Was ist hier los? Einige der Fluggäste kommen ihm so bekannt vor. Da stimmt doch etwas nicht!	*Erzähltext*
23	In Frankfurt landen sie mitten in den Dreharbeiten zu einem Film. Zaza ist schon mit dem Taxi weg. Das Drehbuch beschreibt die Verfolgungsjagd. Leider endet sie mit einer Panne.	*Gespräch* *Filmdrehbuch*
24	Zum Glück ist der Joker dann wieder aufgetaucht und hat sie zu Zazas Hotel gebracht. Aber der Plan, ihr mit einem Kassettenrecorder nachzuspionieren, klappt nicht so recht.	*Erzähltext* *Gebrauchsanweisung* *Gespräch*
25	Doch dann gelingt es ihnen, die Unterhaltung zwischen Zaza und ihrem Begleiter aufzunehmen: Es geht um Zazas Kindheit in Brasilien, um das geheimnisvolle Verschwinden einer Person …	*Gespräch* *Tonbandaufzeichnung* *Erzähltext*
26	Schlock findet, dass es sich hier um wichtige Informationen handelt. Doch Gröger ist da anderer Meinung: „Für solche idiotischen Familiengeschichten ist mir meine Zeit zu schade!"	*Gesprächsprotokoll*
27	Zazas Besuch unterbricht die Diskussion. Sie scheint die beiden Herren gut zu kennen. Schlock ist hingerissen, Gröger ist wütend. Das Ganze endet mit einer Einladung zum Abendessen.	*Gespräch*
28	Im Restaurant stoßen die beiden Herren auf lauter alte Bekannte. Doch wer ist die Frau mit den dunklen Haaren? Zaza ergreift das Wort, und manches wird klar. Aber warum bekommen Gröger und Schlock diese neuen Koffer?	*Gespräch* *Rede*

Vielleicht sind Sie wie Herr Schlock. Er amüsiert sich gern, vergisst aber oft dabei die Arbeit.
• Dann hören oder lesen Sie die Geschichte, wenn Sie Lust haben. Die Aufgaben machen Sie nur, wenn Sie Zeit haben. Leider haben Sie wenig Zeit!

Vielleicht sind Sie wie Herr Gröger. Er arbeitet gern, aber er vergisst oft den Spaß dabei.
• Dann interessieren Sie sich mehr für die Aufgaben und weniger für die Geschichte.

Am besten, Sie kombinieren die Qualitäten der beiden Herren:
Lernen Sie systematisch, aber haben Sie Spaß dabei!

1. Wie können Sie systematisch lernen?

Schritte	Das machen Sie:	Das brauchen Sie dafür:
1.	**Aufgabenblock: DIE SITUATION**	**Buch**
	• Die Aufgaben lesen, bearbeiten	
	• Die Antworten kontrollieren	Lösungsschlüssel
2.	**Aufgabenblock: DAS HÖRSPIEL**	**Buch + CD**
	• **Die Hörspielfolge** anhören	
	• Die Aufgaben °° machen	
	• **Die Hörspielfolge** noch einmal anhören	
	• Die Aufgaben ° machen	
	• (**Die Hörspielfolge** noch einmal anhören)	
	• Die folgenden Aufgaben machen	
3.	**DIE TEXTFASSUNG**	**Buch**
	• Den Text lesen, klären	eventuell: Wörterbuch
	• Ihre Antworten (Hörspiel) prüfen	
	• Ihre Antworten kontrollieren	Lösungsschlüssel
	• Fehler verstehen und korrigieren	eventuell: Grammatik
4.	**SPRECHÜBUNGEN**	**CD**
	• Die Sprechübungen anhören	
	• Die Sprechübungen wiederholen	
5.	• Die Hörspielfolge noch mal anhören	**CD**
6.	• Eine Zusammenfassung schreiben	

Kommentar:

Schritt 1: Aufgabenblock DIE SITUATION
• Beginnen Sie immer mit diesen Aufgaben: Sie erinnern Sie an den Kontext. Sie sind oft eine Wiederholung für einen bestimmten Grammatikpunkt. Sie sind eine Hilfe! Sie verstehen besser, was im nächsten Text kommt.
• Kontrollieren Sie Ihre Antworten mit dem Lösungsschlüssel.

Schritt 2: Aufgabenblock DAS HÖRSPIEL
• Hören Sie die Hörspielfolge einmal an und beantworten Sie dann die **Aufgaben** °°.
  Oft können Sie sicher auch schon einige Fragen der folgenden **Aufgaben** ° beantworten.
• Hören Sie die Hörspielfolge noch einmal an. Machen Sie die **Aufgaben** °.
• Wenn notwendig: Hören Sie die Hörspielfolge noch einmal ergänzen oder prüfen Sie Ihre Antworten.
• Machen Sie dann die folgenden **Aufgaben**. (Eventuell auch erst nach Schritt 3)

Schritt 3: DIE TEXTFASSUNG
- Lesen Sie den Text. Markieren Sie unbekannte Wörter: Haben Sie eine Idee, was sie vielleicht bedeuten können? Notieren Sie Ihre Hypothese. Suchen Sie die Wörter dann im Wörterbuch.
- Haben Sie den Text verstanden? Dann ergänzen oder korrigieren Sie Ihre Antworten zum Hörspiel.
- Kontrollieren Sie jetzt alle Antworten noch einmal mit dem Lösungsschlüssel.
    - Alles ist richtig: Wunderbar!
    - Sätze oder grammatische Formen, die Sie ergänzt haben, sind nicht ganz richtig:
    a) Sie wissen, wie es richtig geht: Erfinden Sie selbst ein paar Beispielsätze zu diesem Grammatikpunkt und schreiben Sie sie auf.
    b) Sie wissen nicht wirklich, wie es funktioniert: Klären Sie das mit Ihrer Grammatik. Machen Sie dann die Aufgabe noch einmal.

Schritt 4: SPRECHÜBUNGEN
- Hören Sie die Sprechübungen zuerst ohne „Stopp" ein- oder zweimal an. Am besten schließen Sie die Augen dabei.
- Hören Sie die Sprechübungen noch einmal. „Stoppen" Sie jetzt nach jedem Satz und wiederholen Sie ihn. Imitieren Sie dabei Intonation und Satzmelodie!

Schritt 5: HÖRSPIEL
- Hören Sie noch einmal die Hörspielfolge an. Stoppen Sie manchmal und wiederholen Sie Sätze.

Schritt 6: ZUSAMMENFASSUNG
- Schreiben Sie eine kurze Zusammenfassung: Was passiert in dieser Folge? Trainieren Sie dabei die Grammatikaspekte, die Sie noch nicht so gut beherrschen.

Vielleicht werden Sie neugierig und wollen wissen, wie die Geschichte weitergeht.
„Warten, warten, immer warten. Das ist doch idiotisch!", meint der eine der beiden Herren.
„Das ist nicht idiotisch. Das ist normal", meint der andere Herr.
Ja, diesmal hat er Recht: **Warten Sie, das ist besser für das Lernen!**
- Lesen oder hören Sie noch nicht, was später passiert!
- Führen Sie zuerst Ihren „Auftrag" aus: Machen Sie Ihre Aufgaben.
Dann macht *Der Auftrag* mehr Spaß – bis zum Schluss!

---

2. Welche Hilfen brauchen Sie dabei?

Manchmal brauchen Sie sicher auch Hilfe beim Lernen: bei unbekannten Wörtern oder bei Grammatikpunkten, die Sie nicht so gut kennen. Diese Fragen können Ihnen Gröger und Schlock leider nicht beantworten: Sie brauchen ein Wörterbuch oder eine Grammatik, vielleicht auch eine deutsche Freundin oder einen deutschen Freund.

Vielleicht kommt auch der Punkt, wo Sie beim Hören die Geschichte nicht mehr ganz verstehen. Das ist normal, denn die Texte werden in jeder Folge etwas schwieriger!
Dann ist der Lesetext eine gute Hilfe! Gehen Sie so vor:
1. Hören Sie die Hörspielfolge ein oder zweimal an! Beantworten Sie, wenn möglich, die Aufgaben °°.
    (Dann haben Sie schon eine Idee, was passiert – und das macht den Lesetext leichter!)
2. Lesen Sie den Text. Machen Sie die Aufgaben °° und °.
3. Hören Sie dann die Hörspielfolge noch einmal an. ...

EINFÜHRUNG

1. Woher? Wohin?

Sehen Sie die Fotos an.

1.1
🔘 *Hören Sie die Einführung zu Folge 1:*
Sie erzählt eine „Reise" in 10 Etappen.

Welche Fotos passen zu den 10 Etappen? Notieren Sie 1–10 zu den Fotos.

Beschreibungen:

a) _____ in einem Wald
b) _____ auf einer Wiese
c) _____ in der Nähe einer Kirche
d) _____ an einem Bach
e) _____ in einem Zug
f) _____ vor einem Tante-Emma-Laden

g) _____ an einem See
h) _____ in einem Park
i) _____ in einem Hafen
j) _____ vor einem kleinen Bahnhof
k) _____ an einem Bahnübergang
l) _____ in einem Hauptbahnhof

Welche Beschreibungen passen zu den Etappen?
Notieren Sie 1–10 bei den Beschreibungen (a–v).

m) ___ neben einem Taxi
n) ___ an einer Straßenbahn-haltestelle
o) ___ vor in einem Park
p) ___ vor einer Bank
q) ___ vor einem Kaufhaus

r) ___ vor einem Eisverkäufer
s) ___ am Eingang einer U-Bahnstation
t) ___ an einem Kiosk
u) ___ in einer U-Bahnstation
v) ___ auf einer Café-Terrasse

13

DIE SITUATION

1.	**Hypothesen**

Schauen Sie die Illustrationen an:

Wer sind die Männer?
Was machen sie hier?

Was glauben Sie?
Ergänzen Sie die Sätze.

a. *Ich glaube, die beiden Männer* _____
b. *Ich denke, sie* _____
c. *Wahrscheinlich* _____
d. *Der eine Mann* _____
e. *Der andere Mann* _____
f. *Vielleicht* _____
g. *Plötzlich* _____
h. _____

ist/sind • wartet/warten auf • spricht/sprechen über • sucht/suchen • sieht/sehen • zeigt/zeigen • hat/haben • ...	Kollegen • Freunde • eine/die Frau • ein/das Foto • eine/die U-Bahn • (nicht) müde • (nicht) nervös • ...

2.	**Die Diskussion**

Die Sätze (a–g) kommen im Gespräch vor.

Zu welchen Illustrationen (1, 2, 3) passen sie?

Notieren Sie (1, 2, 3).

Sätze im Gespräch:
a. „Wie sie lächelt!"
b. „Schlafen Sie nicht!"
c. „Es geht los!"
d. „Schnell, der Zug wartet nicht!"
e. „Da kommt sie!"
f. „Diese Frau ist gefährlich!"
g. „Zeigen Sie das Foto!"

Illustrationen (1, 2, 3)
_____
_____
_____
_____
_____
_____
_____

Die Handlung

Aussagen:

	R	F	?
a. Die beiden Männer warten schon lange.	☐	☐	☐
b. Sie kennen sich sehr gut.	☐	☐	☐
c. Sie sind immer einverstanden.	☐	☐	☐
d. Sie suchen die Frau auf dem Foto.	☐	☐	☐
e. Sie sehen die Frau, die sie suchen.	☐	☐	☐
f. Eine U-Bahn kommt.	☐	☐	☐
g. Die Frau steigt ein.	☐	☐	☐
h. Die beiden Männer steigen auch ein.	☐	☐	☐

Die beiden Männer

Erklärungen:

a. Der Mann, der _____ heißt, ist nervös.

b. Der Mann, der das Foto sehen will, heißt _____ .

c. Für _____ ist Warten normal.

d. _____ findet die Frau auf dem Foto wunderbar.

e. _____ denkt, sie ist ein Biest.

Gröger • Schlock	links • rechts • blond • dunkel

f. Gröger ist der Mann _____ im Bild. Er ist _____ .

g. Schlock ist der Mann _____ im Bild. Er ist _____ .

Wichtige Informationen

Fragen: **wichtige Wörter:**

a. Was macht Gröger und
   Schlock so nervös?   *warten – eine Frau suchen*

b. Wie findet Gröger die Frau
   auf dem Foto?   _____

c. Wie findet Schlock die Frau
   auf dem Foto?   _____

d. Was passiert in der U-Bahn-Station?   _____

e. Wie ist die Frau, die kommt?   _____

f. Was macht sie?   _____

g. Wie reagieren die beiden Männer?   _____

Das passiert: *Die beiden Männer warten schon lange.*
Sie suchen _____

_____

---

3.   ∘∘*)

Hören Sie den Text an.
Welche Aussagen (a–h)
über die Szene sind ...
- *richtig = R*
- *falsch = F*
- *vielleicht richtig,*
  vielleicht falsch = ?
Kreuzen Sie an.

*) Lesen und klären Sie diese
Aufgabe (∘∘) immer zuerst.
Hören Sie dann den Text an.

4.   ∘*)

Schauen Sie die Illustrationen
noch einmal an: *Wer ist wer?*
Wer ist wo? Wer ist wie?

Ergänzen Sie die Erklärungen
(a–g).

*) Hören Sie für diese Auf-
gaben (∘) – wenn nötig –
den Text noch einmal an.

5.   ∘

Lesen Sie die Fragen (a–g).
Notieren Sie wichtige
Wörter für Antworten.

Schreiben Sie eine
Zusammenfassung:
Erzählen Sie, was passiert.

2

DIE SITUATION

1.

Was passiert in Folge 1?
*Schreiben Sie eine
Zusammenfassung.*

*Formulieren Sie die Sätze
(a–m).*

Zusammenfassung

a) in einer U-Bahn-Station warten b) nicht müde sein sondern nervös
sein c) Schlock heißen – Gröger heißen d) eine Frau suchen e) ein
Foto haben f) blond sein und lächeln g) Zaza heißen h) über die Frau
diskutieren i) sie sonderbar und gefährlich finden j) plötzlich kommen
k) nicht blond sondern dunkel sein l) wirklich die Frau sein, die sie
suchen m) es nicht wissen

a. *Zwei Männer warten in der U-Bahn-Station* _____ .
b. *Sie* _____ ,
   sondern sie _____ .
c. *Der eine* _____
   und der _____ .
d. *Sie* _____
e. *Sie* _____
f. *Die Frau auf dem Foto* _____
   und _____
g. *Sie* _____
h. *Die Männer* _____
i. *Gröger* _____ .
j. _____ *eine Frau, ...*
k. *aber sie* _____ .
l. *Ist das wirklich* _____ ?
m. *Sie* _____ .

2.

Sehen Sie die Illustration an.
Was ruft Schlock vielleicht?

Formulieren Sie.

Es geht los!

schnell machen • nicht schlafen • die Tür öffnen • endlich <u>ein</u>steigen

„Gröger!"
a. „Machen Sie _____ !"
b. „_____ Sie _____ !"
c. „_____ Sie _____ !"
d. „_____ Sie _____ !"

Ein Problem?

Wer hat ein Problem?
a. Die Frau, die ☐
sie suchen
b. Gröger ☐
c. Schlock ☐

Was ist das Problem?
d. Das Foto ist weg. ☐
e. Die Frau, die sie suchen, ist weg. ☐
f. Sie/Er hat keine Fahrkarte. ☐
g. Sie/Er findet seine Fahrkarte nicht. ☐
h. Sie/Er hat kein Geld. ☐

3. ∘∘

Hören Sie den Text an.
Es gibt ein Problem.
Wer hat ein Problem?
Was ist das Problem?
Kreuzen Sie an.

Wer? Wie? Was? Warum?

Fragen:
a. Was macht der Kontrolleur?
b. Wer hat seine Fahrkarte?
c. Wer hat keine Fahrkarte?
d. Wie reagiert Gröger?
e. Keine Fahrkarte haben: Wie viel kostet das?
f. Was schreibt der Kontrolleur?
g. Warum sind die Männer so nervös?

Antworten:
kontrolliert die Fahrkarten

4. ∘

Notieren Sie kurze Antworten auf die Fragen (a–h).

Interviews

Fragen: „Herr Kontrolleur: ...“
a. „Was machen Sie hier?“
b. „Haben alle Passagiere ihre Fahrkarten?“
c. „Keine Fahrkarte haben: Ist das teuer?“
d. „Fahren Sie auch manchmal schwarz?“
e. „Haben die beiden Herren ihre Fahrkarten?“
f. „Wie finden Sie die beiden Herren?“
g. „Warum schreiben Sie eine Quittung?“
h. „Wo sind die Männer jetzt?“

5.

Ein Interview mit dem Kontrolleur:
Er beantwortet die Fragen (a–h).
Welche Antworten passen?
Notieren Sie (1–8).

Antworten: 1) „Das ist doch normal!“ 2) „Das kostet leider viel zu wenig!“ 3) „Eine Kontrolle!“ 4) „Keine Ahnung!“ 5) „Natürlich nicht.“ 6) „Die Frage beantworte ich nicht.“ 7) „Nein, der eine Herr hat keine.“ 8) „Sehr sonderbar!“

Herr Gröger / Herr Schlock ...
a. *warum warten Sie in der U-Bahn?* ?
b. *Wie finden Sie* ?
c. *Woher haben Sie* ?
d. *Ist Ihr Kollege* ?
e. ?
f. ?

Ein Interview mit Herrn Gröger oder mit Herrn Schlock:
Formulieren Sie Fragen für ein Interview.

17

3

DIE SITUATION

1.

Gröger und Schlock kommen aus der U-Bahn.

Was passiert jetzt wohl?
Was glauben Sie?
Kreuzen Sie an.

A. Die Polizisten finden die Männer sonderbar.
Sie wollen sie kontrollieren. ☐

B. Die Kinder finden die Männer komisch. Sie wollen
wissen, wer sie sind und was sie hier machen. ☐

C. Gröger und Schlock wollen Zaza finden. Sie fragen die
beiden Polizisten. ☐

*Formulieren Sie Fragen für
diese Situationen.*
*A: Die Polizisten fragen die
beiden Männer.*

*B: Die Kinder fragen die
beiden Männer.*

*C: Gröger und Schlock
fragen die Polizisten.*

A	• Wer sind Sie? Haben Sie Ihre Papiere?	
	• Woher _____	?
	• _____	?
B	• Woher kommt ihr? Seid ihr _____	?
	• Was _____	?
C	• Entschuldigen Sie bitte. Wir suchen _____	?
	• Kennen _____	?
	• Wissen Sie, ob _____	?

2.

Das Gespräch

***Die Sätze (a–m) kommen
im folgenden Gespräch.***

___ a. Schlock: „Sie ist weg. Einfach weg!"
___ b. Schlock: „Nein. Die Kinder."
___ c. Gröger: „Wen denn? Die Polizisten?"

*Konstruieren Sie einen
möglichen Dialog:
Notieren Sie für die Sätze (a–l)
die Reihenfolge (1–12).*

___ d. Schlock: „Ich habe hier ein Foto. Das ist die Frau, die ich suche.
Kennt ihr die?"
___ e. Das andere Kind: „Aber ich kenne sie."
___ f. Schlock: „Warum nicht? Hallo, Kinder! Kommt ihr mal her?"
_1_ g. Gröger: „Wo ist sie hin?"
___ h. Schlock: „Wir fragen einfach."
___ i. Gröger: „Das hat doch keinen Sinn."
___ j. Das eine Kind: „Natürlich nicht."
___ k. Gröger: „Was machen wir nun? Wir wissen nicht, wo sie wohnt."
___ l. Die Kinder: „Wer seid ihr? Was wollt ihr hier?"

Alle wollen etwas wissen!

Gröger und Schlock wissen, ...	Nein	Ja
a. ob die Kinder Zaza kennen.	☐	☐
b. wo Zaza wohnt.	☐	☐
c. wie die Kinder heißen.	☐	☐
d. warum die Kinder lachen.	☐	☐
e. wohin die Kinder laufen.	☐	☐

Die Kinder wissen jetzt, ...	Nein	Ja
f. wie die beiden Männer heißen.	☐	☐
g. woher sie kommen.	☐	☐
h. was sie hier wollen.	☐	☐
i. wen sie suchen.	☐	☐
j. warum sie die Frau suchen.	☐	☐

3. ○○

Hören Sie den Text an.
Gröger und Schlock wollen
etwas wissen.
Die Kinder wollen
etwas wissen.
Wer weiß am Ende was?
Kreuzen Sie an.

Kinder!

	„Ich liebe Kinder!"	„Biester sind das!"
Gröger	☐	☐
Schlock	☐	☐

Argumente:
Kinder lachen gern.
_____
_____
_____
_____

Argumente:
Kinder machen _____
_____
_____
_____
_____

gern lachen • immer Lärm machen • keinen Respekt zeigen • immer hin
und her laufen • gern spielen • unhöflich sein • Temperament haben •
immer neue Ideen haben • viele Dummheiten machen • …

4.

Wer sagt was über die Kinder?
Kreuzen Sie an.

Der eine liebt Kinder, der
andere nicht.
Nennen Sie mögliche
Argumente.

Duzen oder siezen?

	„du/ihr"	„Sie"
a. Gröger zu Schlock / Schlock zu Gröger	☐	☐
b. Gröger und Schlock zu den Kindern	☐	☐
c. die Kinder zu Gröger und Schlock	☐	☐

Regeln:
d. Arbeitskollegen, die keine Freunde sind, sagen meistens _____
e. Kinder sagen zu fremden Erwachsenen meistens … _____
f. Kinder sagen zu Erwachsenen, die sie kennen, oft … _____
g. Erwachsene sagen zu kleinen Kindern immer … _____

5.

Wer sagt hier „du/ihr"?
Wer sagt hier „Sie"?
Kreuzen Sie an.

Welche Regeln gibt es für „du"
und „Sie"?
Kreuzen Sie an.
Ergänzen Sie „du" oder
„Sie" in den Sätzen.

4
DIE SITUATION

Mme. Zaza
c/o Z Import - Export
Welserstr.3
D - 1000 Berlin 62

1.			

Schauen Sie die Illustrationen an.

Was passiert wohl in dieser Folge?

Kreuzen Sie an:

Das passiert

...wahrscheinlich nicht = –

...vielleicht = +

...wahrscheinlich = ++

Vermutungen	–	+	++
Gröger und Schlock...			
a. wollen zum Arzt gehen.	❑	❑	❑
b. suchen eine Exportfirma.	❑	❑	❑
c. finden das Haus von Zaza.	❑	❑	❑
d. sehen Zaza am Fenster.	❑	❑	❑
e. schreiben Zaza einen Brief.	❑	❑	❑
f. bekommen einen Brief von Zaza.	❑	❑	❑
g. fragen den Postboten, ob er Zaza kennt.	❑	❑	❑
h. finden den Namen von Zaza auf dem Türschild.	❑	❑	❑

⊙ DAS HÖRSPIEL 4
1.8

2.	∘ ∘

Hören Sie den Text an.

Wer glaubt/hat/liest /...hier etwas?

Kreuzen Sie an:

GR = Gröger

SCH = Schlock

PB = der Postbote

Wer macht was?		

GR	SCH	PB	
❑	❑	❑	a. .... glaubt, Zaza wohnt in dem Haus.
❑	❑	❑	b. .... hat eine Idee.
❑	❑	❑	c. .... liest die Namen auf dem Türschild.
❑	❑	❑	d. .... hat eine enorme Tasche.
❑	❑	❑	e. .... geht wahrscheinlich in das Haus.
❑	❑	❑	f. .... folgt wahrscheinlich dem Postboten.
❑	❑	❑	g. .... wartet draußen und ist ganz nervös.
❑	❑	❑	h. .... kommt wieder aus dem Haus.
❑	❑	❑	i. .... hat einen Brief, der sehr interessant ist.
❑	❑	❑	j. .... will den Brief sehen.
❑	❑	❑	k. .... will den Brief öffnen.

Zusammenfassung

Beschreibungen:

a. Da ist der Postbote wieder, aber wo ist Gröger?
b. Der Mann mit der Tasche klingelt.
c. Er öffnet die Tür.
d. Schlock geht nervös hin und her.
e. Schlock wartet draußen.
f. Schnell läuft Gröger hinterher.

Reihenfolge:

*Die Beschreibungen (a–f)
stehen in der Textfassung.*
*Welche Reihenfolge passt
zu dem Hörtext?*
Notieren Sie (1–6).

Emotionen und Reaktionen

Reaktionen von Gröger/Schlock:

a. „Hier! Ich habe den Beweis!"
b. „Da sind Sie ja endlich!"
c. „Was? Einen Brief?"
d. „Da ist schon wieder ein Polizist!"
e. „Das ist ja kriminell!"
f. „Nicht hier! Vorsicht!"
g. „Er geht hin und her."

Emotionen:

1) Er hat Angst.
2) Er ist unruhig.
3) Er ist ungeduldig.
4) Er ist überrascht.
5) Er ist erleichtert.
6) Er ist zufrieden.
7) Er ist empört.

*Welche Reaktionen zeigen
welche Emotionen?*
*Notieren Sie die Emotionen
(1–7), die zu den
Reaktionen passen.*

Emotion:

Er hat Angst. (1)
Er ist unruhig. (2)
Er ist ungeduldig. (3)
Er ist überrascht. (4)
Er ist erleichtert. (5)
Er ist zufrieden. (6)
Er ist empört. (7)

Das sagt oder macht Gröger/Schlock:

   „Sie ist gefährlich!"

*Suchen Sie andere
Beispiele für emotionale
Reaktionen in der
Geschichte (Folge 1–4).*

Wer sucht, der findet.

Informationen:

	+	++	+++
a. Es gibt eine Import-Export-Firma in dem Haus.	❑	❑	❑
b. Das „Z" auf dem Namensschild bedeutet Zaza.	❑	❑	❑
c. Zaza wohnt in diesem Haus.	❑	❑	❑
d. Sie ist die Chefin von dieser Exportfirma.	❑	❑	❑
e. Der Postbote kennt Zaza.	❑	❑	❑
f. Der Postbote bringt einen Brief für sie.	❑	❑	❑
g. Der Brief kommt aus Amerika.	❑	❑	❑
h. In dem Brief gibt es wichtige Informationen.	❑	❑	❑

*Was wissen Gröger und
Schlock jetzt?*
*Wie sicher sind die
Informationen (a–h)?*
Kreuzen Sie an.
Das stimmt vielleicht = +
Das ist wahrscheinlich = ++
Das ist sicher   = +++

5

DIE SITUATION

1.

Der Brief

Das passiert in Folge 4.
Ergänzen Sie die Artikel-endungen und Pronomen im Text.

a. Der Postbote öffnet d____ Tür und geht in d____ Haus.
b. Gröger läuft hinterher. Er stiehlt ein ____ Brief.
c. D____ Brief ist für Zaza.
d. Schlock findet sein____ Kollegen kriminell.
e. Aber natürlich will er d____ Brief sehen.
f. D____ Brief ist ein Beweis____ :
g. Es gibt d____ Namen und d____ Adresse von Zaza.
h. Die beiden Männer suchen ein ____ Park.
i. Dort öffnen sie d____ Brief und lesen____.

2.

Ein Plan

Der Brief beschreibt einen Plan
In dem Plan gibt es die Instruktionen (a–g) für Zaza. Welche Illustrationen passen zu den Instruktionen? Notieren Sie (1–5)

Instruktionen:

a. einen Pass und ein Paket <u>ab</u>holen
b. ein Paket <u>ab</u>geben
c. den Zug nach Warschau nehmen
d. einen Kontaktmann treffen
e. durch eine Zollkontrolle fahren
f. in einen Wagen <u>ein</u>steigen
g. eine Quittung verlangen

Illustrationen:

____
____
____
____
____
____
____

Welche Phasen hat der Plan vielleicht?
Beschreiben Sie die Phasen.

Die Phasen:
Zuerst *holt* Zaza den Pass <u>ab.</u>
Danach _____

_____

_____

_____

_____

| Zuerst • Dann • Danach • Später • Zuletzt |

Gröger liest den Brief vor.

3.   ∘∘

Personen/ Namen	Orts- Angaben	Zeit- angaben	wichtige Objekte
der Joker	bei Charlie	bis _____	die _____

Hören Sie den Text an.
Notieren Sie die Angaben
zu den Punkten:
- *Personen/Namen*
- *Ortsangaben*
- *Zeitangaben*
- *wichtige Objekte*

Die Instruktionen für Zaza

4.   ∘

a) zuerst den Joker <u>an</u>rufen b) die Adressen und das Paket bei Charlie <u>ab</u>holen c) den Schnellzug nach Warschau nehmen d) durch die Passkontrolle gehen e) in Warschau einen Freund treffen f) in sein Auto <u>ein</u>steigen g) ihn nicht fragen, wohin er fährt h) das Paket <u>ab</u>geben und wieder <u>weg</u>gehen i) den Zug zurück nach Berlin nehmen j) das Geld bei Professor S. <u>ab</u>holen

a. *Rufen Sie zuerst den Joker <u>an</u>.*
b. *Holen Sie dann* _____
c. _____
d. _____
e. _____
f. _____
g. _____
h. _____
i. _____
j. _____

In dem Plan gibt es viele
Instruktionen (a–j).

Erklären Sie Zaza den Plan.
Formulieren Sie die
Instruktionen (a–j).

Viele Fragen – wenig Antworten

5.

Für wen?	a. _____	haben sie nur wenig Zeit?
Wann?	b. _____	weiß Zaza, wie die Mystery Corpora-
Warum?		tion arbeitet?
Was?	c. _____	sind Charly und der Joker?
Wer?	d. _____	brauchte Zaza einen neuen Pass?
Wo?	e. _____	gibt Zaza das Paket ab?
Wie lange?	f. _____	bleibt Zaza in Warschau?
Wie viel?	g. _____	fährt der Kontaktmann mit Zaza?
Woher?	h. _____	ist das Paket?
Wohin?	i. _____	Geld gibt es bei Professor S.?
	j. _____ ?	
	k. _____ ?	

Diese Fragen (a–k) stellen
Gröger und Schlock sicher.
Ergänzen Sie die Fragewörter,
die passen.

Haben Sie andere Fragen?
Formulieren Sie sie.

6

DIE SITUATION

Neue Informationen und neue Fragen

Der Brief:
Formulieren Sie mögliche Kommentare von Gröger und Schlock.

Dieser Plan ist gefährlich. • Der Pass ist nicht echt. • Der Professor S. arbeitet auch für die Mystery Corporation. • Zaza ist Ausländerin. • Zaza kennt Charly und den Joker schon. • Zaza arbeitet nicht zum ersten Mal mit Zebra zusammen. ...

a. *Jetzt wissen wir,*
   dass _____ .
b. *Wir haben den Beweis,*
   dass _____ .
c. *Hier im Brief steht,*
   dass _____ .
d. *Ich denke,*
   dass _____ .
f. *Ich bin sicher,*
   dass _____ .

Formulieren Sie mögliche Fragen.

Woher kennt Zaza diese Mystery Corporation? • Wer ist Zebra? • Was macht Zaza in Warschau? • Für wen sind die Adressen? • Wie viel Geld gibt es bei Professor S.? • Warum braucht sie einen neuen Pass? ...

g. *Aber wir wissen nicht,*
   woher Zaza _____ .
h. *Ich verstehe nicht,*
   _____ .
i. *Es gibt keine Erklärung darüber,*
   _____ .
j. *Es ist nicht klar,*
   _____ .
k. *In dem Brief steht nichts darüber,*
   _____ .
l. *Verstehen Sie,*
   _____ .

Grögers 5 Punkte

Punkt eins: _____
Punkt zwei: _____
Punkt drei: _____
Punkt vier: _____
Punkt fünf: _____

> • das Geld
> • der Joker
> • Zaza
> • der Brief
> • das Paket

2. ○○

Hören Sie den Text an.
Gröger nennt 5 Punkte.
Notieren Sie die Punkte.

Grögers Meinung und Schlocks Meinung

a. *Dieser* **Brief** _____
b. *Dies* _____
c. *Dies* _____
d. *Dies* _____ **Paket** _____
e. *Dies* **Geld!** *Dies* _____ **Leute** _____

> Ausländerin sein • vielleicht Kokain sein • sehr viel Geld haben • aus Amerika kommen • der Kontaktmann sein

3. ○

Was sagt Gröger zu diesen Punkten?
Formulieren Sie.

Die Mystery Corporation:
a. *Ihre Geschäfte* _____
b. *Das sind vielleicht* _____
c. *Oder es ist* _____
Die „Fünfzig":
d. *Das sind* _____

Was glaubt Schlock?
Erklären Sie.

Was glaubt Gröger?
Erklären Sie.

Feststellungen, Meinungen, Vermutungen, Emotionen

4.

Kommentare:
a. „ Ich finde diesen Brief sonderbar." _____
b. „Sicher sind ihre Geschäfte kriminell." _____
c. „Ich habe etwas gegen diese Leute." _____
d. „Dieser Brief kommt aus Amerika." _____
e. „Zaza ist Ausländerin." _____
f. „Dieser Name ist doch nicht deutsch." _____
g. „Diese Leute haben viel Geld." _____
h. „Sie sind verrückt, Gröger." _____

Definition:
1) Er stellt etwas fest.
2) Er äußert seine Meinung.
3) Er vermutet das.
4) Er reagiert emotional.

Welche Definition passt zu den Kommentaren von Gröger und Schlock?
Notieren Sie (1, 2, 3, 4).

	Gröger	Schlock
a. Er interessiert sich für Fakten.	☐	☐
b. Er hat viel Phantasie.	☐	☐
c. Er hat oft neue Ideen.	☐	☐
d. Er reagiert meistens emotional.	☐	☐
e. Er bleibt immer skeptisch.	☐	☐
f. Er ist meistens vorsichtig.	☐	☐
g. Er ist meistens optimistisch.	☐	☐

Gröger und Schlock haben verschiedene Persönlichkeiten.
Welche Reaktionen sind charakteristisch für sie?
Kreuzen Sie an.

25

7
DIE SITUATION

1.

Im Park

Sehen Sie die Illustration an.
Ergänzen Sie die Beschreibung
mit den Sätzen 1–6.
Notieren Sie 1–6.

Beschreibungen:
a. Die beiden Männer warten
   im Park, aber ...
b. Der eine will nach Hause
   gehen, doch ...
c. Es wird Abend und ...
d. Die Zeit vergeht, doch ...
e. Es wird kalt und ...
f. Der eine ist müde und ...

Sätze:
1) sie frieren.
2) es wird dunkel.
3) es passiert nichts.
4) er schläft ein.
5) der andere will noch hier
   bleiben und warten.
6) niemand kommt.

Jetzt passiert sicher
etwas, z.B.:
Variante
A: *Die Kinder laufen durch*
   den Park. ...
B: *Es gibt eine Polizei-*
   kontrolle. ...
C: *Ein Mann spricht sie an:*
   Es ist der Joker. ...
Schreiben Sie, wie es dann
weitergeht.

Variante
A: *Gröger und Schlock* _____

B: _____

C: _____

hinterherlaufen · aufstehen ·
schnell weglaufen · rufen ·
nervös werden · keine Antwort geben wollen · über-
rascht sein · Angst haben · ...

⊙ DAS HÖRSPIEL 7
1.14

---

2.   ∘∘

Die Zeit vergeht

Hören Sie den Text an (Teil 1).
Welche Aussagen (a–g)
sind falsch (F), welche sind
richtig (R)?
Kreuzen Sie an.

Aussagen	F	R
a. Die beiden Männer wollen nach Hause gehen.	☐	☐
b. Beide sind zufrieden.	☐	☐
c. Beide haben Hunger.	☐	☐
d. Beide schlafen ein.	☐	☐
e. Beide sehen gleichzeitig die Person, die durch den Park kommt.	☐	☐
f. Beide wissen sofort, was sie hier will.	☐	☐
g. Beide Telefonzellen sind leer.	☐	☐

Plötzlich ist alles anders.

a. **Vorher** <u>wollte</u> Schlock nach Hause gehen.
   Jetzt <u>will</u> er hier bleiben.
b. *Vorher hatte er* _____
   Jetzt _____
c. *Vorher* _____
   Jetzt _____
d. *Vorher* _____
   Jetzt _____
e. *Vorher* _____
   Jetzt _____

nach Hause gehen wollen / hier bleiben wollen · keine Lust mehr haben / wieder mitmachen wollen · Hunger haben / nicht mehr hungrig sein · deprimiert sein / wieder optimistisch sein · schlafen wollen / wieder ganz wach sein

3. ○

Beschreiben Sie, wie es vorher war und wie es jetzt ist.

Das Telefongespräch

Zaza ...
a. kennt ihren Gesprächspartner ... gut. ☐ ... nicht sehr gut. ☐
b. spricht über ... den Plan (im Brief) ☐ ... ein Geschäft. ☐
c. ist ... zufrieden. ☐ ... ärgerlich. ☐

4. ○○

○ *Hören Sie den Text an*
1.15 *(Teil 2).*
   Was ist wohl richtig?
   Kreuzen Sie an.

Das Transkript des Gesprächs

Das sagt Zaza:
„Hallo! ____ Ja, ich bin's. ____ Ach, ihr und eure Projekte! Ich kenne das. ____ Idioten seid ihr! Ihr habt doch nur eure Geschäfte im Kopf. ____ Das Geld interessiert mich nicht. ____ Sucht euch doch eine Deutsche! ____ Natürlich, mein Risiko ist euch egal. Ihr seid ja verrückt! ____ Das ist doch nicht meine Sache, das ist dein Problem, mein Lieber. ____ Ja, ich rufe dich wieder an. ____ Also bis morgen. Ich mache jetzt Schluss. ____ Wie du willst. ____ Auf Wiedersehen."

Mögliche Repliken des Gesprächspartners:
a) „Aber ohne Geschäfte gibt's kein Geld!" b) „Am besten morgen Vormittag." c) „Bis morgen." d) „Bist du's, Zaza?" e) „Dein Pass ist fertig und unser Kontaktmann erwartet dich in Warschau. Wie findest du den Plan?" f) „Dieser Plan ist absolut professionell und wir machen ein gutes Geschäft." g) „Gut. Ich informiere dann die Kollegen." h) „Ja, ich weiß, das ist meine Sache. Also, bist du einverstanden oder willst du mich später noch mal anrufen?" i) „Keine Angst. Wenn du vorsichtig bist, läuft alles gut. Aber es ist wichtig, dass es keine Panne in der Organisation gibt." j) „Nein, das geht nicht. Ohne dich funktioniert der Plan nicht." k) „Wenn man Ausländerin ist wie du, läuft nichts ohne Geld ..."

5.

Lesen Sie die Textfassung.
Es gibt nur die Repliken von Zaza.

Die Sätze (a–k) sind mögliche Repliken des Gesprächspartners. Notieren Sie in der Textfassung, wo diese Repliken passen.

DIE SITUATION

1.

Was ist passiert?
Ergänzen Sie in der
Zusammenfassung die
Verben, die fehlen:

hatte/hatten
war/waren
wollte/wollten

Gute Nacht, Gröger! Gute Nacht, Schlock!

Zuerst warteten Gröger und Schlock lange in der U-Bahn. Sie _____ (a) nervös. Sie suchten eine Frau. Sie _____ (b) ihr Foto. Die Frau auf dem Foto _____ (c) blond. Plötzlich sahen sie diese Frau. Aber sie _____ (d) nicht blond sondern dunkel. Sie stieg in die U-Bahn ein und die beiden Männer machten das auch. Leider _____ (e) sie in der U-Bahn ein Problem. Ein Kontrolleur _____ (f) ihre Fahrkarten kontrollieren. Schlock _____ (g) keine Fahrkarte und der Kontrolleur _____ (h) 60 Mark haben. Schlock bezahlte, aber dann _____ (i) die Frau plötzlich wieder weg.

Auf der Straße _____ (j) Kinder und sie fragten sie, ob sie die Frau kennen. Aber diese Kinder _____ (k) nichts sagen.

Später fanden sie ein Haus. Schlock _____ (l) sicher, dass Zaza hier wohnte. Sie _____ (m) in das Haus gehen, aber leider _____ (n) die Tür zu. Doch sie _____ (o) Glück, denn ein Postbote öffnete die Tür. Gröger folgte dem Postboten und fand einen Brief. Der Brief _____ (p) für Zaza.

Natürlich öffneten sie den Brief. Sie fanden viele neue Informationen, aber sie _____ (q) auch viele neue Fragen. Dann warteten sie lange im Park. Es _____ (r) kalt und es regnete. Schlock _____ (s) schlechte Laune und _____ (t) nach Hause gehen. Aber Gröger _____ (u) nicht einverstanden. Dann sahen sie plötzlich Zaza. Jetzt _____ (v) sie wieder blond. Sie ging in eine Telefonzelle und telefonierte. Die beiden Männer hörten, was sie sagte. Sie _____ (w) sehr zufrieden.

⊙ DAS HÖRSPIEL 8
1.17

2.   ○○

Hören Sie den Text an.
Wer träumt hier?

Ein Traum

Gröger ☐   Schlock ☐   Zaza ☐   ? ☐

Schauplätze und Handlungen im Traum

Schauplätze:	Reihen-folge:	Hand-lung
• eine U-Bahn		
• Berlin	1	j
• New York		
• ein Dach		
• ein Aufzug		
• ein Taxi		
• ein Korridor		

a) Das Licht geht aus. b) Der Koffer ist plötzlich leicht. c) Er wacht auf. d) Er hat plötzlich einen Koffer. e) Er läuft. f) Er will aussteigen. g) Es wird dunkel. h) Es wird hell. i) Hier hält die U-Bahn endlich. j) Hier kennt er jede Ecke. k) Hier sagt er Zaza, dass er sie liebt. l) Zwei Männer warten auf ihn.

3. ○

Es gibt verschiedene Orte (Schauplätze) im Traum.
Wie ist die Reihenfolge?
Notieren Sie die (1–7).

Was passiert hier?
Welche Handlungen (a–l) passen zu den Schau-plätzen? Notieren Sie.

Personen und Dinge, die im Traum eine Rolle spielen

a. *Die U-Bahn*
b. *Die beiden Männer*
c. *Das Taxi*
d. *Der Koffer*
e. *Der Aufzug*
f. *Die Frau im Aufzug*

Informationen: gefährlich aussehen • ihn zur Fifth Avenue bringen • nicht halten • sehr schnell fahren • wahrscheinlich voll Geld sein • wie eine Puppe aussehen

4. ○

Formulieren Sie die Informationen, die es im Traum über diese Personen und Dinge gibt.

Gefühle, die es im Traum gibt

a. *Er fühlt sich in Sicherheit, **weil** er in Berlin alles **kennt**.*
b. *Er ist unruhig, **denn** der Zug **hält** nicht.*
c. *Er hat Angst, weil*
d. *Er ist erleichtert, weil*
e. *Er ist enttäuscht, weil*
f. *Er ist glücklich, weil*
g. *Er ist verliebt, denn*
h. *Er fühlt sich schuldig, denn*
i. *Er ist traurig, denn*

Erklärungen: Er hat das Geld wieder verloren. • Der Zug hält nicht. • Die beiden Männer wollen seinen Pass kontrollieren. • Er findet diese Frau wunderbar. • Er hat den Koffer gestohlen. • Er trifft Zaza im Aufzug. • Es wird wieder hell • In Berlin kennt er alles. • Zaza sagt kein Wort.

5.

Warum hat der Träumer diese Gefühle im Traum?
Formulieren Sie Erklärungen.

1.

Erzählen Sie noch einmal,
was im Traum passiert ist.
Ergänzen Sie die Sätze.

Schlocks Traum

a. Zuerst ist er _____ .
b. Er _____ .
c. Aber er _____ ,
    denn der Zug _____ .
d. Später _____ .
e. Zwei Männer _____ .
f. Er _____ ,
    weil sie _____ .
g. Zum Glück _____ .
h. Plötzlich _____ .
i. Aber später _____ .
j. Dann _____ .
k. Er _____ .
l. Er _____ ,
    doch sie _____ .
m. Dann sind sie _____ .
n. Er _____ , und schließlich ist _____ .

> a) in Berlin gewesen sein b) in eine U-Bahn eingestiegen sein
> c) Angst gehabt haben • nicht gehalten haben d) in New York ange-
> kommen sein e) dort auf ihn gewartet haben f) weggelaufen sein •
> gefährlich ausgesehen haben g) ein Taxi gefunden haben h) einen
> Koffer voll Geld gehabt haben i) das Geld leider wieder verloren haben
> j) Zaza in einem Aufzug getroffen haben k) ihr gesagt haben, dass er sie
> liebt l) sie angefasst haben • kalt wie eine Puppe gewesen sein m) auf
> dem Dach angekommen sein n) gelaufen sein • aufgewacht sein

2.

Sehen Sie die Illustration an.
Was ist wann geschehen?
Welche Reihenfolge passt
für die Beschreibungen (a–e)?
Notieren Sie (1–5).

In der Nacht

Beschreibungen:

a. Schließlich ist er auch zu Bett gegangen.
b. Später ist er eingeschlafen und hat geträumt.
c. Er hat seinen Bericht geschrieben.
d. Gröger hat noch im Nebenzimmer gearbeitet.
e. Schlock hat noch etwas gelesen.

Reihenfolge:

_____
_____
_____
_____
_____

Nach dem Traum

Richtige Information:

a. Gröger hat bis drei Uhr früh geschlafen.
b. Schlock ist um zwei Uhr aufgewacht.
c. Er hat Gröger seinen Traum erzählt.
d. Danach hat er nicht mehr geschlafen.

3.   ○○

Hören Sie den Text an.
(Teil 1).
Korrigieren Sie, was falsch ist.
Notieren Sie Stichworte.

Grögers Bericht

Punkte im Bericht:	Das haben wir gemacht:
a. Zazas Wohnung:	*Wir haben sie* _____
b. die Haustür:	*Wir* _____
c. ihre Post:	*Ich* _____
d. ihr Telefon:	*Wir* _____
e. Warschau:	*Wir* _____

Das sind unsere Ergebnisse:

f. *Wir kennen* ... die Adresse von Zaza.
g. *Wir wissen* ... alles über Zaza.
h. *Wir* _____ ... alle ihre Kontaktmänner.
i. *Wir* _____ ... , was Zaza nach Warschau bringt.
j. *Wir* _____ ... , mit wem Zaza telefoniert.
k. *Wir* _____ ... alles über die Mystery Corporation.

4.   ○○

○ *Hören Sie den Text an*
1.20 *(Teil 2).*
  Was schreibt Gröger zu
  diesen Punkten in seinem
  Bericht?
  Ergänzen Sie die Sätze
  (a–e).

Was wissen die beiden
Männer? Wen oder was kennen
sie?
Ergänzen Sie „wissen" oder
„kennen" in den Aussagen (f–k).

Der Bericht ist für eine Person, ...

	F	R
a. ... die in Berlin ist.	☐	☐
b. ... die oft mit Gröger und Schlock telefoniert.	☐	☐
c. ... die die beiden Männer sehr gut bezahlt.	☐	☐
d. ... die weiß, wen Gröger und Schlock suchen.	☐	☐

Für wen schreibt Gröger
diesen Bericht?
Welche Aussagen sind
wahrscheinlich falsch (F)/
richtig (R)? Kreuzen Sie an.

Wahrheit? Lüge? Übertreibung?

a. *Sie haben* **nicht** _____ *gewartet,*
   sondern **nur einige Minuten.**
b. *Sie* _____ *,*
   sondern sie **haben nur einige Informationen.**
c. *Sie* _____ *,*
   Sie haben nur **ein Telefongespräch** *gehört.*
d. *Sie* _____ *gelesen,*
   sondern nur **einen Brief.**
e. **Nicht sie** _____ *,*
   sondern **der Postbote.**
f. *Sie* _____ *,*
   sondern sie **sind in Berlin geblieben.**
g. *Sie* _____ *,*
   sondern sie kennen nur **eine Autonummer.**

5.

Viele Informationen im
Bericht stimmen nicht
(ganz).
Korrigieren Sie falsche
Informationen und Über-
treibungen.
Ergänzen Sie die Sätze (a–g).

10

DIE SITUATION

1. Ein Frühstückstisch

Sehen Sie die beiden Illustrationen an. Welche Dinge gibt es wo?
Notieren Sie die Ziffern (1–19) aus der 2. Illustration zu den Bezeichnungen.

Bezeichnungen:

  _2_ Stuhl/ü-e (der)
  _____ Tisch/-e (der)
  _____ Tischdecke/-n (die)
  _____ Zeitung/-en (die)
  _____ Kaffeekanne/-n oder
        Teekanne/-n (die)
  _____ Tasse/-n (die)
  _____ Löffel/- (der)
  _____ Teller/- (der)
  _____ Glas/ä-er (das)
  _____ Messer/- (das)
  _____ Brot/-e (das) und
        Brötchen/- (das)
  _____ Marmelade/-n (die)
  _____ Käse (der)
  _____ Zucker (der)
  _____ Butter (die)
  _____ Honig (der)
  _____ Ei/-er (das)
  _____ Kaffee (der) / Tee (der)
  _____ Milch (die)
        oder Saft/ä-e (der)

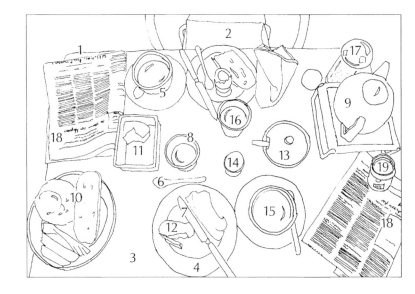

2.

Welchen Moment zeigt das Foto?
Kreuzen Sie an.

Welche Hinweise gibt es dafür?
Ergänzen Sie die Sätze mit schon *oder* noch nicht.

Das Frühstück

Mögliche Momente:

a. Die beiden Personen haben schon gefrühstückt. ☐
b. Sie frühstücken gerade. ☐
c. Sie haben das Frühstück noch nicht begonnen. ☐

d. Sie haben ihren Kaffee _____ ausgetrunken.
e. Der eine hat sein Ei _____ gegessen, der andere _____ .
f. Sie haben ihre Brote _____ geschmiert, aber _____ gegessen.
g. Sie haben die Zeitungen _____ gelesen.

Beim Frühstück

a. 1. ☐ Schlock hat wie immer das Frühstück gemacht.
   2. ☐ Schlock hat heute mal das Frühstück gemacht.
b. 1. ☐ Gröger hat mal wieder alles kritisiert.
   2. ☐ Gröger hat ihm Komplimente gemacht.
c. 1. ☐ Schlock ist ruhig geblieben.
   2. ☐ Er ist wütend geworden.
d. 1. ☐ Schlock wollte der Chefin einen Brief schreiben.
   2. ☐ Er war zufrieden, dass Gröger ihr schon geschrieben hat.
e. 1. ☐ Gröger hat sich über Schlock lustig gemacht.
   2. ☐ Er hat sich entschuldigt.
f. 1. ☐ Schlock hat ihm keine Chance mehr geben wollen.
   2. ☐ Er hat Grögers Entschuldigung angenommen.

3.   ○ ○

Hören Sie den Text an.
Was ist geschehen?
Welche der Aussagen (1 oder 2)
sind richtig?
Kreuzen Sie an.

Unzufriedenheit

Gröger: „Deshalb bin unzufrieden."
a. Das Brot: „Das Brot in Berlin _____."
b. Das Ei: „Es hat _____ gekocht."
c. Der Kaffee: „Immer gibt es _____ Kaffee!"

Schlock: „Deshalb bin ich unzufrieden."
d. Kaffeekochen: „Das _____ keinen Spaß."
e. Sein Kollege: „Er _____ nicht für meine Mühe."
                  „Er _____ immer Vorwürfe."
                  „Er will _____ immer _____."

> jemand**em** Spaß machen • jemand**em** für etwas danken • jemand**em** Vorwürfe machen • jemand**em** Befehle geben

4.   ○

Gröger und Schlock sind
unzufrieden.
Ergänzen Sie die Erklärungen
von Gröger und Schlock.

Konflikte

Das sagt Gröger zu Schlock: **Bedeutung:**
a. „Dieses Ei hat zu lange gekocht!"   _____
b. „Haben Sie schlecht geträumt?"   _____
c. „Vielleicht haben Sie Recht."   _____
Das sagt Schlock zu Gröger:
d. „Tut mir Leid, es ist kein Kaffee mehr da."   _____
e. „Aber Sie sind nicht mein Chef, ..."   _____
f. „Ich habe genug von Ihrer Arroganz!"   _____
g. „So ist es schon viel besser!"   _____

> **Bedeutungen:** 1) Er macht sich über ihn lustig. 2) Er macht ihm einen Vorwurf. 3) Er sagt ihm seine Meinung. 4) Er stellt etwas klar. 5) Er akzeptiert eine Kritik. 6) Er entschuldigt sich. 7) Er macht ihm ein Kompliment.

5.

Manche Äußerungen
beenden einen Konflikt,
manche verschärfen ihn.

Welche Bedeutungen (1–7)
haben diese Äußerungen
im Gespräch?
Notieren Sie 1–7.

33

11
DIE SITUATION

1.

Sehen Sie die Illustration an.
Wie ist das Wetter an diesem Tag?
Ergänzen Sie die Sätze.

Das Wetter

a. Es _____.
b. Überall liegt _____.
c. Der Himmel ist _____.
   Es gibt sicher _____.
d. Die Temperaturen liegen sicher _____ 0° Grad Celsius.
e. ... und es _____.
f. Aber im Augenblick _____ nicht mehr.

- schneien – geschneit haben
- frieren – gefroren haben
- Schnee (der)
- Schneewolke/-n (die)
- über – unter
- sonnig – blau – grau

2.

Die Kinder haben einen Schneemann gebaut.
Beschreiben Sie den Schneemann:
Was hat er?
Was hat er nicht?

Der Schneemann

Körperteile:
- Kopf, der
- Haar/-e, das
- Gesicht, das
- Auge/-n, das
- Nase, die
- Mund, der
- Hals, der
- Brust, die
- Bauch, der
- Bein/-e, das
- Fuß/ü-e, der
- Arm/-e, der
- Hand/ä-e, die
- Hut, der
- Schaufel, die

Der Schneemann:
a. Er hat <u>einen Kopf</u>, aber er hat <u>keine Haare</u>.
b. Er hat <u>ein Gesicht</u>, das heißt:
   zwei _____,
   _____.
   und _____,
c. Aber er hat _____.
d. Er hat _____,
   und auch _____.
e. Aber er hat _____
   und _____.
f. Man sieht nicht genau, ob die Kinder ihm _____ und _____ gemacht haben.
g. Aber sie haben ihm _____ aufgesetzt und _____ gegeben.

Gute und schlechte Geschäfte

Was:
a. Der Hut gehört
b. Die Zigarre gehört
c. Die Schaufel gehört
d. Der Schneemann gehört

Wem:

1)	einem Kind
2)	allen zusammen
3)	Gröger
4)	Schlock

Gröger
Schlock
ein Kind
die Kinder

e. *Schlock bringt* _____ seinen Mantel.
f. _____ seine Schaufel.
g. _____ seinen Hut.
h. _____ seine Zigarre.

3. ○○

Hören Sie den Text an.
Was gehört wem?
Notieren Sie (1–4)

Wer gibt, bringt oder schenkt wem was?
Ergänzen Sie.

Die Chronologie

Die Illustration zeigt, wie die Szene ... beginnt. ☐   ... endet. ☐
Der Schneemann ... _____ !

Sequenz:
a. ____ Gröger und Schlock sind rausgegangen.
b. ____ Die Kinder haben sie gerufen.
c. _1_ Die Kinder haben draußen gespielt.
d. ____ Schlock hat den Kindern gezeigt, wie man einen Schneemann baut.
e. ____ Gröger und Schlock haben aus dem Fenster geschaut.
f. ____ Alle haben sich über den Schneemann gefreut.
g. ____ Schlock hat seinem Kollegen seinen Mantel gebracht.
h. ____ Schlock hat den Kindern seinen Hut gegeben.
i. ____ Gröger hat ihnen seine Zigarre geschenkt.

4. ○

Was zeigt die Illustration?
Begründen Sie Ihre Antwort.

Was ist geschehen?
Bringen Sie die Sequenzen in die richtige Reihenfolge.
Notieren Sie (1–9).

Vorher und nachher?

Beschreibungen im Text	nach / vor Sequenz:
a) Sie erklären ihm, wie man einem Schneemann eine Nase macht. Gröger lächelt. Er hat noch nie einen Schneemann gesehen, der durch die Nase raucht.	
b) Gröger und Schlock haben ihre Chefin ganz vergessen. Der Professor und sein Geld sind ihnen egal. Und Zaza? Ach ja, Zaza ist wunderbar, aber heute denkt Schlock nicht an sie. Heute ist ihm sein Schneemann lieber.	
c) Die ganze Stadt ist weiß. Man sieht keine Leute, kein Auto fährt, kein Postbote kommt mehr. Schlock hat das Fenster geöffnet.	
d) Endlich ist der Schneemann fertig. Der Hut passt ihm. Gröger raucht eine Zigarre.	

5.

Die Beschreibungen (a–d) stehen im Text.
Vor welcher Sequenz / Nach welcher Sequenz passen sie?
Notieren Sie die Nummer der Sequenzen 1–9 (siehe Aufgabe 4).

1. Geräte

Immer neue Probleme!
Jetzt ist bei den beiden
Herren etwas kaputt.

Was ist wohl kaputt?

Lesen Sie die drei
Gebrauchsanweisungen
(A, B, C).
Um welches Gerät geht es?
Notieren Sie die Bezeich-
nungen.

Gerät/Bezeichnung:

A: _____
B: _____
C: _____

Welche Illustration zeigt
welches Gerät?
Notieren Sie (1, 2, 3):

Gerät: **Illustration:**

A: _____
B: _____
C: _____

Welches Gerät wollen
Gröger und Schlock wohl
reparieren?
Notieren Sie:

_____

Bedienungsanweisung   A

1. Uhrzeitregler auf die gewünschte Stundenzahl einstellen.
2. Schalter (B) auf ‚EIN' stellen.
3. Thermostat (A) auf die gewünschte Temperatur einstellen (Kontrolllampe leuchtet auf).
4. Die Heizung schaltet sich automatisch zur gewünschten Zeit ein.

Gebrauchsanweisung   B

1. Den Deckel drehen und abnehmen.
2. Den Wasserkocher füllen: Minimum 0,5 l, Maximum 1,7 l.
3. Deckel aufsetzen, nach rechts drehen und verschließen.
4. Ein-/Ausschalter drücken: Die Kontrolllampe geht an.
5. Das Gerät schaltet automatisch ab.

Gebrauchsanweisung   C

1. Wasser einfüllen (1) Vorsicht! Das Bügeleisen muss dabei ausgeschaltet sein.
2. Temperaturregler (5) auf die gewählte Textil-Sorte einstellen.
3. Dampf-Bügeln: Dampfregler (2) auf ⌇
4. Trocken-Bügeln: Dampfregler (2) auf ✖
5. Spray-Funktion: Spray-Taste (1) drücken

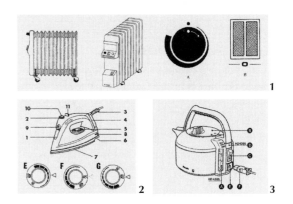

Immer neue Probleme

a. Warum will Gröger nach Teneriffa verreisen? _____
b. Seit wann arbeiten sie schon zusammen? _____
c. Was denkt Schlock über das Duzen? _____
d. Wie viel Mark will er von Gröger haben? _____
e. Warum braucht er Geld für den Hausmeister? _____

2. ○○

Hören Sie den Text an (Teil 1).
Notieren Sie kurze Antworten zu den Fragen (a–e).

Rechte und Pflichten

a. Sie _____ für ihre Chefin arbeiten, also _____ sie nicht verreisen.
b. Sie _____ sich nicht siezen, sie _____ sich auch duzen.
c. Sie _____ die Heizung nicht reparieren, also _____ sie den Hausmeister holen.
d. Der Hausmeister _____ auch „nein" sagen denn er _____ keine Heizungen reparieren.
e. Also _____ sie ihm ein Trinkgeld geben.

| muss |
| müssen |
| müssen |
| müssen |
| müssen |
| kann |
| können |
| können |
| können |

3. ○

Wer kann, wer muss etwas (nicht) tun?
Ergänzen Sie die Verben in den Sätzen.

Grögers Meinung über Schlock

Schlock ...   **Ja, er ist ...**   **Nein, er ist ...**
a. denkt nur an die Arbeit.   ❑ fleißig   ❑ faul
b. gibt wenig Geld aus.   ❑ sparsam   ❑ verschwenderisch
c. lügt nicht gern.   ❑ ehrlich   ❑ unehrlich
d. macht, was geplant ist.   ❑ zuverlässig   ❑ unzuverlässig
e. geht kein Risiko ein.   ❑ vorsichtig   ❑ unvorsichtig

4. ○○

○ Hören Sie den Text an
1.27 **(Teil 2).**
Was denkt Gröger über seinen Kollegen Schlock? Kreuzen Sie an.

Grögers Gedanken

müssen – können
a. Ich _____ nicht mit dem Taxi spazieren fahren.
b. Ich _____ hier sitzen und arbeiten.
c. Ich _____ immer die Berichte schreiben.
d. Ich _____ nicht bei Zaza sitzen und mit ihr Tee trinken.

Hoffentlich – Leider
e. _____ nimmt Schlock nicht wieder ein Taxi.
f. _____ ist er so naiv und unvorsichtig!
g. _____ vergisst er oft sein Fernglas.
h. _____ spricht er nicht heimlich mit Zaza.
i. _____ hat er sich in Zaza verliebt.

5. ○

Gröger denkt an seine Situation.
Ergänzen Sie die Sätze.
Gröger denkt an seinen Kollegen.
Ergänzen Sie die Sätze.

13

DIE SITUATION

1.

Schlock ist alleine weggegangen.
Sicher denkt er auch an
seine Arbeit und an seinen
Kollegen Gröger.

Ergänzen Sie die Präpositionen
in den Sätzen (a–l).

○ DAS HÖRSPIEL 13
1.29

Was Schlock vielleicht denkt

auf • aus • bei • für • (in dem) im • mit • mit • mit • seit • von • (zu dem) zum • (zu der) zur

Das denkt Schlock vielleicht:

Zuerst bin ich _____ **(a)** Hausmeister gegangen, aber er war nicht da. Also bin ich _____ **(b)** einem Taxi _____ **(c)** Welserstraße gefahren. Eigentlich wollte ich _____ **(d)** der U-Bahn fahren, aber sie war mir zu voll. Jetzt stehe ich hier allein _____ **(e)** der Straße. Zum Glück schneit es nicht, aber es ist kalt. Ich warte schon _____ **(f)** einer Stunde, aber es ist nichts passiert. _____ **(g)** so einer Arbeit muss man warten können. Gröger sitzt sicher wie immer _____ **(h)** Wohnzimmer und trinkt Tee. Er arbeitet nicht gern draußen. Vielleicht telefoniert er auch heimlich _____ **(i)** der Chefin oder er schreibt wieder einen Bericht **(j)** sie. Ich frage mich, _____ **(k)** wem das Geld kommt, das er _____ **(l)** seiner Manteltasche genommen hat.

---

2. ○ ○

Hören Sie den Text an.
Lesen Sie noch einmal,
was Gröger vermutet hat
(Aussagen a–e).
Hatte er recht?
Kreuzen Sie an.

Grögers Vermutungen

Vermutungen:	Ja	Nein	Vielleicht
a. Sicher ist Schlock in die Welsertraße gefahren.	❑	❑	❑
b. Natürlich hat er wieder ein Taxi genommen.	❑	❑	❑
c. Wahrscheinlich hat er sein Fernglas vergessen.	❑	❑	❑
d. Vielleicht hat Zaza ihn gesehen.	❑	❑	❑
e. Vielleicht hat er sogar heimlich mit Zaza gesprochen.	❑	❑	❑

Schlocks Bericht

Teile im Bericht:	1	2	3	4	5
Illustration:					

Notieren Sie die Illustrationen (a–e), die passen.

Was berichtet Schlock? Ergänzen Sie die Sätze (a–k).

> am Fenster • (an das) ans Fenster • auf dem Stuhl • auf diesen Stuhl • auf einen Tisch • in der Hand • (in dem) im Schlafzimmer • (in das) ins Schlafzimmer • in ihre Wohnung • in ihrer Wohnung • in seine Wohnung • nach Hause

a. Zaza ist erst spät _____ gekommen.
b. Sie hat das Licht _____ angemacht.
c. Sie hat _____ gestanden.
d. Ihr Nachbar ist _____ gekommen.
e. Sie sind _____ gegangen.
f. Er hat etwas Rundes _____ gehabt.
g. _____ hat er einen Stuhl _____ gestellt.
h. Dann ist er _____ gestiegen.
i. Was er _____ gemacht hat, konnte man nicht sehen.
j. Zaza ist noch einmal _____ gekommen.

a

b

4. Neue Informationen

Welche neuen Informationen gibt es?
Ergänzen Sie die Sätze.

a. Die Frau, *die am Fenster gestanden hat,* war Zaza.
b. Die Wohnung, *die* _____,
   ist die Wohnung von Zaza.
c. Der Nachbar, *der* _____,
   heißt Helmut Schmidt.
d. Schlock, _____,
   hat diesen Mann sehr unsympathisch gefunden.
e. Dieser Helmut Schmidt ist der Professor S., _____
   _____.
f. Das Ding, _____,
   war rund und nicht besonders groß.
g. Man weiß nicht, ob Zaza, _____
   _____, Schlock gesehen hat.

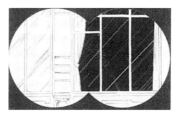

c

d

> a) <u>Die</u> Frau hat am Fenster gestanden. b) <u>Die</u> Wohnung liegt im 2. Stock rechts. c) <u>Der</u> Nachbar wohnt links neben Zaza. d) (<u>Der</u>) Schlock hat ihn mit seinem Fernglas beobachtet. e) <u>Der</u> Professor S. hat das Geld für Zaza. f) <u>Das</u> Ding hat er Zaza gezeigt. g) <u>Sie</u> hat aus dem Fenster geschaut und gelächelt.

e

14
DIE SITUATION

1.

Sehen Sie die Illustration an.
Ergänzen Sie die Modalverben in der Beschreibung der Szene.

Auf der Straße

ich	muss	kann	darf	soll	will
du	musst	kannst	darfst	sollst	willst
er/sie/es	muss	kann	darf	soll	will
wir	müssen	können	dürfen	sollen	wollen
ihr	müsst	könnt	dürft	sollt	wollt
sie/Sie	müssen	können	dürfen	sollen	wollen

Beschreibung:

Gröger und Schlock stehen auf der Straße vor einem Restaurant.

a. Der eine _____ nicht mehr länger im Regen warten und _____ nach Hause gehen.

b. Der andere hat Hunger und _____ im Restaurant essen.

Das sagt der eine vielleicht:

c. „Ich _____ lieber zurückgehen."

d. „Ich _____ noch den Bericht fertig schreiben."

e. „Im Restaurant essen? Das _____ wir nicht bezahlen."

f. „In der Arbeitszeit _____ wir nicht im Restaurant sitzen."

g. „Du _____ nicht immer ans Essen denken, sondern arbeiten."

Das sagt der andere vielleicht:

h. „Natürlich _____ wir im Restaurant essen, ...

i. ... das _____ uns die Chefin gar nicht verbieten".

j. „Es ist kalt und außerdem regnet es. Warum _____ wir hier draußen stehen?"

k. „Wer viel arbeitet, _____ auch mal seinen Spaß haben!"

l. „Wir _____ ja beim Essen über die Arbeit sprechen."

Gründe für Unzufriedenheit

Sie sind …   ☐ auf der Straße   ☐ zu Hause   ☐ im Restaurant

Gröger ist unzufrieden, …

a. weil er keine seriösen Informationen für seinen Bericht findet.   ☐
b. weil er am Wochenende arbeiten muss.   ☐
c. weil die Firma nicht gut zahlt.   ☐
d. weil er immer Lügen schreiben soll.   ☐

Schlock ist unzufrieden, …

e. weil er immer auf der Straße stehen soll.   ☐
f. weil er schon lange nicht mehr im Restaurant gegessen hat.   ☐
g. weil Gröger in seinen Berichten nicht die Wahrheit schreibt.   ☐

3.   ○○

Hören Sie den Text an.
Wo befinden sich Gröger und Schlock in dieser Szene?
Warum sind beide unzufrieden?
Kreuzen Sie an.

Dürfen, können, sollen, müssen …

Die Textfassung: „Herr Professor Schmidt hat die Lampe von Frau Z. repariert." Nein, das geht einfach nicht. Mit solchen Informationen _____ (a) man der Chefin nicht kommen. Gröger weiß nicht, was er tun _____ (b). „Ich sehe nicht ein, warum du immer zu Hause sitzen _____ (c), und ich _____ (d) mit meinem Fernglas auf der Straße stehen. Noch dazu am Wochenende! Lassen wir es doch einfach bleiben! Ich _____ (e) endlich einmal essen gehen. Ich kenne ein Restaurant am Kurfürstendamm, das sehr gut sein _____ (f) Kommst du mit?" „Das geht nicht", sagt Gröger. „Das _____ (g) wir nicht machen. Außerdem, mein lieber Schlock, ist das eine Geldfrage. Leider zahlt die Firma schlecht. Das ist auch kein Wunder. Ich schicke der Chefin eine Lüge nach der andern, und dafür _____ (h) sie zahlen?" „Natürlich _____ (i) sie zahlen! Kennst du einen Autor, der nicht lügt? Das ist doch das Schöne am Schreiben. Du _____ (j) an unsere Leser denken. Die _____ (k) auch ihren Spaß haben. Phantasie ist teuer, und Romane kosten Geld. Also, gehen wir?"

3.   ○

Dieser Text kommt in der Textfassung.
Ergänzen Sie die Modalverben, die fehlen.

Wörter und Wendungen

Sätze, Wörter, Wendungen:

a. <u>Mit</u> solchen Informationen <u>darf man</u> der Chefin <u>nicht kommen</u>. _____
b. <u>Noch dazu am Wochenende.</u> _____
c. <u>Lassen wir es doch einfach bleiben.</u> _____
d. Ich kenne ein Restaurant …, <u>das sehr gut sein soll.</u> _____
e. <u>Außerdem</u> … ist das eine Geldfrage. _____
f. <u>Das ist doch kein Wunder.</u> _____

Bedeutungen:

1) Das hat man mir gesagt.
2) Das ist besonders unangenehm.
3) Das ist auch ein wichtiger Aspekt.
4) Das kann man gut verstehen.
5) Die interessieren sie nicht.
6) Machen wir das lieber nicht!

4.

Welche Bedeutungen haben die Wörter oder Wendungen, die in den Sätzen (a–f) unterstrichen sind?
Notieren Sie. (1–6)

15
DIE SITUATION

Eine Zwischenbilanz

***Deutsch lernen: Es gibt
verschiedene Lernertypen.***
*Wissen Sie, welcher
„Lernertyp" Sie sind?
Kreuzen Sie an, was für Sie
richtig ist.*

Y ❏ Einen neuen Text höre ich lieber zuerst.
X ❏ Wenn ich einen Text verstehen will, muss ich ihn lesen.
Y ❏ Wenn ich das Wichtigste von einem Text verstanden habe, möchte ich gleich mit einem neuen Text arbeiten.
X ❏ Ich möchte die genaue Bedeutung von jedem Wort verstehen.
X ❏ Ich mache besonders gern die Grammatikübungen.
Y ❏ Ich denke nicht oft an die Grammatik.
X ❏ Ich finde die Aussprache schwierig.
Y ❏ Für mich ist die Aussprache kein Problem.
Y ❏ Hauptsache ist, dass mein Gesprächspartner mich ungefähr versteht. Fehler sind da nicht so wichtig.
X ❏ Ich finde es wichtig, dass meine Sätze korrekt sind.
Y ❏ Ich will Spaß haben beim Lernen.
X ❏ Ich glaube, dass man beim Lernen seriös sein muss.
X ❏ Ich möchte verstehen, wie die Sprache funktioniert.
Y ❏ Bei Grammatikaufgaben langweile ich mich schnell.

Ihre Antworten:
Mehr „X" oder mehr „Y"?
Kreuzen Sie an.
Was ist Ihr Profil?

Ihr Profil:
- mehr „X" als „Y"   ❏ = analytisch
- mehr „Y" als „X"   ❏ = global
- ungefähr gleich viele „X" und „Y" ❏ = analytisch-global

***Welche Stärken, welche
Schwächen haben die
beiden Lernertypen beim
Sprachenlernen?***
Notieren Sie (a–r).

Lernertyp:	Stärken (+)	Schwächen (–)
analytisch		
global		

Stärken: a) baut sich eine sichere Basis b) hat oft ein gutes „Sprachgefühl" c) interessiert sich für Regeln und respektiert sie d) formuliert präzise e) ist perfektionistisch f) kann in der Sprache improvisieren g) kommuniziert gern h) lernt systematisch i) macht viel mit Intuition j) sucht eine Lösung, wenn er nicht genau weiß, wie man etwas sagt k) weiß, was er kann und welche Fehler er noch macht
Schwächen: l) glaubt zu schnell, dass er alles verstanden hat m) hat Angst, dass er Fehler macht n) ist oft blockiert, wenn er ein Wort, eine Struktur nicht genau versteht o) lernt die Regeln nicht immer intensiv genug p) macht leider oft viele Fehler q) reagiert nicht schnell genug, überlegt zu lange r) weiß nicht immer, was er noch nicht weiß

Ein Problem mit der deutschen Sprache?

Problem der Sprecherin:

a. Sie hat ein Problem mit _____

b. Sie findet, dass man nie weiß, _____

c. Die Sprecherin macht viele Fehler. ☐

d. Sie macht einige Fehler. ☐

e. Sie macht einige Fehler, aber sie korrigiert sie alle. ☐

f. Die Präpositionen gefallen ihr nicht. _____

g. Sie versteht nicht, wie das funktioniert. _____

h. Sie resigniert. _____

i. Sie sieht immer neue Probleme. _____

j. Sie versteht gut, dass man da nervös wird. _____

2. ○○

Hören Sie den Text an.
Was ist das Problem?
Ergänzen Sie die Sätze.

Welchen Eindruck haben Sie?
Kreuzen Sie an.

Die Sprecherin ist nicht zufrieden.
Welche Wendungen verwendet sie?
Notieren Sie.

Ihre Probleme?

Ja, sehr oft ☐
Manchmal ☐
Nicht mehr ☐

a. Es gibt auch einen Park in d___ Nähe.

b. Aber soll ich jetzt in d___ Park oder in d___ Park oder durch d___ Park oder aus d___ Park laufen?

c. Durch d___ Fernglas sieht er den Professor, wie der seine Schuhe neben d___ Tür stellt.

d. Die Schuhe stehen nicht neben die, sondern neben d___ Tür.

e. Denn jetzt stellt der Professor den Stuhl auf d___ Tisch.

f. Der Stuhl steht auf d___ Tisch.

g. Und wohin stellt der Kerl den Stuhl? Unter d___ Lampe.

h. Man findet den Stuhl unter d___ Lampe.

3.

Haben Sie auch Probleme mit den Präpositionen?

Wissen Sie, wie es geht?
Ergänzen Sie die richtigen Formen des Artikels nach den Präpositionen.

> **Genus:**
> die Nähe / der Park / das Fernglas / die Tür / der Tisch / die Lampe

Die Situation

1.

Im Restaurant essen:
Wie ist der normale Ablauf?
Notieren Sie die Reihenfolge
(1–12).

Im Restaurant

Ablauf:

_____ a. Man bestellt Speisen und Getränke.

_____ b. Man isst das Hauptgericht. (z.B. Pfeffersteak mit ...)

_____ c. Man ruft die Bedienung (Ober/Kellner – Kellnerin).

_____ d. Man sucht einen Tisch.

_____ e. Man isst die Vorspeise. (z.B. eine Suppe)

_____ f. Man bittet um die Rechnung.

_____ g. Man fragt nach der Karte.

_____ h. Man isst die Nachspeise. (z.B. Eis, Obstsalat, ...)

_____ i. Man gibt der Bedienung ein Trinkgeld (wenn man zufrieden war).

_____ j. Man bezahlt.

_____ k. Man wählt die Speisen und Getränke aus.

_____ l. Man lässt sich vielleicht einen Aperitif servieren.

⊙ DAS HÖRSPIEL 16
2.5

2. ○ ○

Hören Sie den Text (Teil 1).
Wie ist der Stil des
Restaurants?
Welche Speisen und Getränke
kommen im Gespräch vor?

Wie viel Geld haben Gröger
und Schlock?
Wessen Geld ist das?

Wer gut essen will, muss zahlen.

Das Restaurant ist ...

- einfach (billig). ☐
- normal, bürgerlich. ☐
- vornehm (teuer). ☐

Speisen:

_____

Getränke:

_____

_____ DM

a. Schlocks Geld ☐

b. das Geld ihrer Firma ☐

c. Grögers Geld ☐

3. ○

Das steht in der Textfassung.
Wenn beschreibt der Autor?
Ergänzen Sie „Gröger" und
„Schlock" im Text.

Beschreibung in der Textfassung: _____ (a) ist wütend über den Leichtsinn seines Freundes. Die Preise dieses Restaurants findet er astronomisch. Aber was kann er machen? _____ (b) isst und isst. Er lässt alles kommen, was gut und teuer ist.

	GR	SCH
a. Er ist oft leichtsinnig: Er denkt nicht an die Risiken.	☐	☐
b. Er ist oft misstrauisch: Er sieht überall Gefahren.	☐	☐
c. Er amüsiert sich gern. Er will das Leben genießen.	☐	☐
d. Er will keine Probleme mit der Chefin.	☐	☐
e. Er will Arbeit und Privatleben nicht vermischen.	☐	☐
f. Er gibt gerne Geld aus.	☐	☐
g. Er ist sparsam.	☐	☐

Für wen trifft das zu?
GR = Gröger
SCH = Schlock
Kreuzen Sie an.

Eine Überraschung

	Ja	Nein
a. Schlock entdeckt die Frau seiner Träume.	☐	☐
b. Sie ist in Begleitung.	☐	☐
c. Gröger und Schlock kennen den Namen ihres Begleiters.	☐	☐
d. Die beiden Personen verlassen das Restaurant.	☐	☐
e. Schlock will ihnen folgen.	☐	☐
f. Gröger ist mit Schlocks Vorschlag einverstanden.	☐	☐
g. Schlock entdeckt etwas auf dem Tisch der beiden Personen und nimmt es mit.	☐	☐
h. Gröger findet das Verhalten seines Kollegen korrekt.	☐	☐

4.   ∘∘

◯ *Hören Sie den Text an*
2.6 *(Teil 2).*
Was passiert in dieser Folge? Sind die Beschreibungen (a–h) richtig? Kreuzen Sie an.

„_____ habe ich gefunden."
= das Handy von Zaza ☐
= den Pass von Zaza ☐
= die Handtasche von Zaza ☐

Was sagt Schlock?
Ergänzen Sie den Satz.
Was hat er also gefunden?
Kreuzen Sie an.

Ein Zeuge berichtet.

Der Bericht: Die beiden Herren sind gegen 20 Uhr angekommen. Der Kellner hat ihnen einen Tisch _____ (a) gegeben. _____ (b) hat sofort Champagner bestellt und hat alles kommen lassen, was gut und teuer war. Der andere wollte immer zuerst _____ (c) wissen und hat selbst fast nichts gegessen. _____ (d) hat ihm wohl nicht gefallen. Die beiden Herren haben sich sehr für eine Dame und einen Herrn interessiert, die an einem Tisch _____ (e) gesessen haben. Gegen 21 Uhr sind die Dame und der Herr weggegangen. Der Herr mit dem guten Appetit ist an ihren Tisch gekommen und hat etwas genommen. Ich bin sicher, dass es _____ (f) war. _____ (g), der sie gestohlen hat, kann ich genau beschreiben. Den anderen Herrn konnte ich leider _____ (h) nicht so gut erkennen.

5.

Jemand hat die beiden Männer beobachtet.
Er beschreibt genau, was er gesehen hat.
Ergänzen Sie die Angaben in seinem Bericht.
Notieren Sie (1–9).

Angaben: 1) das Gesicht des Herrn 2) der Appetit seines Kollegen 3) der Kollege des Herrn 4) die Handtasche der Dame 5) die Preise der Getränke und der Speisen 6) der eine der beiden Herren 7) in der Ecke des Restaurants 8) in der Nähe des Fensters 9) wegen des schlechten Lichts

DIE SITUATION

1.

Die Handlung:
Wählen Sie die passenden Verben und ergänzen Sie die Verbformen im Präteritum.

Erzählzeit „Präteritum"

Gröger und Schlock _____ (a) im Restaurant. Am Ende des Essens _____ (b) sie Zaza, die mit einem fremden Mann an einem anderen Tisch _____ (c). Beim Weggehen _____ (d) Zaza ihre Handtasche liegen. Gröger _____ (e) den Kellner, denn er _____ (f) zahlen. Der Kellner _____ (g) und _____ (h) die Rechnung. Schlock _____ (i) an Zazas Tisch und _____ (j) die Tasche, die dort _____ (k). Dann _____ (l) die beiden schnell aus dem Restaurant, denn sie _____ (m) Angst. Vor dem Restaurant _____ (n) die beiden eine Telefonzelle. Dort _____ (o) sie Zazas Handtasche untersuchen. Aber plötzlich ...

Verben:
bringen/brachte • entdecken/entdeckte • essen/aß • finden/fand • gehen/ging • haben/hatte • kommen/kam • lassen/ließ • laufen/lief • liegen/lag • nehmen/nahm • rufen/rief • sitzen/saß • wollen/wollte

Wie kann die Geschichte weitergehen?
Notieren Sie die Ergänzungen (1–6), die passen.

Plötzlich ...

a. hörten sie ... _____
b. sahen sie ... _____
c. fühlten sie, ... _____
d. wurde es ... _____
e. entdeckten sie, ... _____
f. stand ... vor ihnen. _____

1) dass man sie beobachtete.
2) der Kellner des Restaurants
3) die Sirene eines Polizeiautos.
4) dass ihnen jemand folgte.
5) dunkel wie in einem Tunnel.
6) Zazas Begleiter aus dem Restaurant.

Eine peinliche Situation

Die Person, die ihnen gefolgt ist, ist _____
Göger und Schlock sollen...
☐ ihm folgen.   ☐ die Polizei rufen.
☐ ihm die Tasche geben.   ☐ ihm Geld geben.

Erklärungen über die Tasche: **So endet die Szene:**
☐ Wir wollten sie zurückbringen.   Gröger und Schlock ...
☐ Wir wollten sie bei der Polizei abgeben.   ☐ bekommen 200 DM.
☐ Wir kennen die Dame, der sie gehört.   ☐ müssen 200 DM
☐ Wir wollten diese Dame anrufen.   zahlen.

2.   ○○

Hören Sie den Text an.
Wer ist ihnen gefolgt?
Was verlangt er?

Was erklären Gröger und Schlock?
Wie endet die Szene für sie?
Kreuzen Sie an.

Der Inhalt der Handtasche

a. Sonnenbrille/-n (die) ☐   j. Parfüm/-e (das) ☐
b. Bargeld (das) ☐   k. Pass/ä-e (der) ☐
c. Flugticket/-s (das) ☐   l. Personalausweis/-e (der) ☐
d. Führerschein/-e (der) ☐   m. Scheckheft/-e (das) ☐
e. Handy/-s (das) ☐   n. Schlüssel/- (der) ☐
f. Kreditkarte/-n (die) ☐   o. Spiegel/- (der) ☐
g. Kugelschreiber/- (der) ☐   p. Taschentuch/ü-er (das) ☐
h. Make-up (das) ☐   q. Telefonkarte/-n (die) ☐
i. Terminkalender/- (der) ☐   r. U-Bahnkarte/-n (die) ☐

Name: _____   Wohnort: _____
Vorname: _____   Größe: _____
Geburtstag: _____   Augenfarbe: _____
Geburtsort: _____   Kennzeichen: _____

3.   ○

Was gibt es in Zazas Handtasche?
Kreuzen Sie an.

Welche Angaben über Zaza gibt es im Gespräch?
Notieren Sie.

Neue Informationen

a. *Der Kellner, **der** sie _____, ist _____ .*
b. *Die Frau, _____ , _____ .*
c. *Der Pass, _____ , _____ .*
d. *Das Flugticket, _____ , _____ .*
e. *Alle Personen, _____ , _____ .*

4.

Welche neuen Informationen erfährt man?
Formulieren Sie.

a) **Er** hat sie im Restaurant bedient. • dieser Charly sein b) Sie suchen **sie**. • in Brasilien geboren sein c) Sie haben **ihn** in der Tasche gefunden. • wahrscheinlich falsch sein d) **Es** war auch in der Tasche. • beweisen, dass Zaza nach Frankfurt fliegen will e) **Sie** stehen auf der Liste. • Helmut Schmidt heißen

47

1.

Schlock berichtet

Schlock übertreibt gern.
So berichtet er vielleicht
über die Geschichte mit Charly.
Ergänzen Sie die Verben im
Präteritum in seinem Bericht.

Schlocks Bericht: a) „Ich <u>wollte</u> gerade die Tasche öffnen, da _____ plötzlich dieser Kellner vor der Tür. b) Dass er Charlie _____, _____ wir noch nicht. c) Er _____ uns die Tasche _____. d) Wir _____ ihm folgen, denn er _____ einen Revolver. e) Er _____ uns in einen Nebenraum des Restaurants. f) Ich _____ sofort, dass das ein Spielsalon _____. g) Wahrscheinlich _____ die Mafia dahinter. h) Dort _____ drei Männer auf uns. i) Sie _____ gefährlich _____. j) Gröger _____ Angst und _____ alles erzählen. k) Aber ich _____ ihnen, dass ich Informationen _____ und dass ich mich besonders für den Pass _____. l) Die drei _____ einen Augenblick, aber dann _____ sie einverstanden. m) Doch sie _____ Geld haben, viel Geld. n) Ich _____ ihnen 1000 Mark. o) Sie _____ die Tasche und _____ mir den Pass. p) In der Tasche _____ es auch eine sonderbare Liste mit Adressen von Personen, die alle H. Schmidt _____. q) Dann _____ Charlie mit den drei Männern _____. r) Jetzt haben wir alle Informationen, die uns _____.

> a) wollen • stehen b) heißen • wissen c) <u>ab</u>nehmen d) müssen • haben
> e) bringen f) sehen • sein g) stehen h) warten i) <u>aus</u>sehen j) haben •
> wollen k) erklären • suchen • interessieren l) diskutieren • sein m) wollen
> n) geben o) öffnen • zeigen p) geben • heißen q) <u>fort</u>gehen r) fehlen

◉ DAS HÖRSPIEL 18
2.10

2.   ∘∘

Die beiden Herren

Hören Sie den Text an (Teil 1).
Die Erzählerin beschreibt
die Szene. Notieren Sie.

a. Wann spielt die Szene? _____
b. Was macht der eine Herr gerade? _____
c. Was macht der andere Herr? _____

„Die beiden Herren tun uns
wirklich Leid", sagt die
Erzählerin.
Warum? Welche Gründe
nennt sie? Kreuzen Sie an.

d. Weil sie kein Glück haben. ❑
e. Weil ihre Situation sehr unangenehm ist. ❑
f. Weil sie Hilfe brauchen. ❑
g. Weil sie sich Sorgen machen. ❑
h. Weil niemand sich für ihre Probleme interessiert. ❑
i. Weil sie in Gefahr sind. ❑

Gefühle äußern

a. Man macht sich Sorgen. ⎯⎯⎯⎯
b. Man freut sich. ⎯⎯⎯⎯
c. Man ärgert sich. ⎯⎯⎯⎯
d. Man hat Mitleid. ⎯⎯⎯⎯
e. Man hat kein Mitleid. ⎯⎯⎯⎯
f. Man ist traurig. ⎯⎯⎯⎯
g. Man ist enttäuscht. ⎯⎯⎯⎯
h. Man hat Angst. ⎯⎯⎯⎯

Ausrufe: 1) „Das ist mir egal!" 2) „So ein Pech!" 3) „Wunderbar!" 4) „Es tut mir Leid, ..." 5) „Hilfe!" 6) „Hoffentlich ist nichts passiert!" 7) „Schade!" 8) „Verdammte Scheiße!"

3. ○

Im Text ist die Rede von den Gefühlen der beiden Herren.
Welche Ausrufe (1–9) passen zu den Gefühlen? Notieren Sie.

Ein sonderbarer Besuch

• Der Besucher ist ⎯⎯⎯⎯⎯⎯⎯⎯
• Er kommt als Freund ❑ ... als Feind ❑

Personen:

Zaza ❑
der Professor ❑
die Chefin ❑
Zebra ❑
Charlie ❑
der Joker ❑
Helmut Schmidt ❑
die Mystery Corporation ❑

Orte:

Warschau ❑
Berlin ❑
Frankfurt ❑
New York ❑
die U-Bahn ❑
die Welser-straße ❑

Objekte:

das Foto ❑
der Brief ❑
der Pass ❑
die Tasche ❑
ein Flugticket ❑
Geld ❑
das Paket ❑
die Adressen ❑

4. ○○

🅞 *Hören Sie den Text an* 2.11 *(Teil 2).*
Wer ist der Besucher? Notieren Sie und kreuzen Sie an.
Von welchen Personen, Orten, Dingen ist in dem Gespräch die Rede?
Kreuzen Sie an.

Begründungen

a. „Sie können sich kein Ticket leisten, *weil die Chefin* ⎯⎯⎯⎯⎯ .
b. „Die Chefin zahlt nicht, *denn* ⎯⎯⎯⎯⎯ .
c. „Sie interessieren sich nur für Zaza, *weil* ⎯⎯⎯⎯⎯ .
d. Die M. Corporation ist eine ganz normale Firma, *denn* ⎯⎯⎯⎯⎯ .
e. Ich erkläre Ihnen dieses Durcheinander nicht, *weil das* ⎯⎯⎯⎯⎯ .
f. Ihre Maschine fliegt um 10.15 Uhr ab, *deshalb* ⎯⎯⎯⎯⎯ .
g. Wir sollten einander helfen, *denn* ⎯⎯⎯⎯⎯ .

Begründungen:

a) nicht zahlen
b) sich über Sie geärgert haben
c) sie wunderbar finden
d) nur ihre 10% verdienen wollen
e) Ihre Sache sein
f) (Sie) sich beeilen müssen
g) die gleichen Interessen haben

5. ○

Welche Begründungen gibt der Besucher den beiden Herren?
Ergänzen Sie die Sätze.

19
DIE SITUATION

1.

Nach dem Besuch des Jokers

So erinnert sich Schlock vielleicht an den Besuch des Jokers.
Ergänzen Sie die Sätze.

Schlock: „Ich wollte mir gerade eine Tasse Kaffee kochen, da klingelte es an der Tür. Ich wunderte mich, _____ (a) es noch früh am Morgen war. Der Besucher stellte sich als der Joker vor. Ich war sehr überrascht, _____ (b) er war unglaublich klein. Zuerst kritisierte er unsere Arbeit, _____ (c) habe ich mich über ihn geärgert. Aber dann wurde er mir sympathisch, _____ (d) er gab uns das Geld für die Flugtickets nach Frankfurt. Ich glaube, er hat wichtige Informationen, _____ (e) sollten wir mit ihm zusammenarbeiten."

denn
denn
deshalb
deshalb
weil

So erinnert sich Gröger vielleicht an den Besuch des Jokers.
Ergänzen Sie die Sätze.

Gröger: „Ich kann _____ (f) nicht erklären, woher der Kerl unsere Adresse hatte. Ich frage _____ (g) auch, was er eigentlich will. Wir kennen _____ (h) doch gar nicht! Warum interessiert er _____ (i) für uns? Ich kann _____ (j) nicht vorstellen, dass er uns das Geld für die Tickets einfach schenkt. Und ich ärgere _____ (k) über meinen Kollegen, der _____ (l) nie Fragen stellt."

mich
mich
mir
mir
sich
sich
uns

Wie reagieren die beiden wohl auf den Besuch des Jokers?
Formulieren Sie.

Schlock: a. „*Behalten wir* das Geld!"
Gröger: „*Wir sollten lieber* das Geld zurückgeben."
Schlock: b. „_____ "
Gröger: „_____ "
Gröger: c. „_____ "
Schlock: „_____ "

a) das Geld behalten • das Geld lieber zurückgeben b) dem Joker vertrauen • vorsichtig sein c) sofort die Chefin informieren • der Chefin nichts davon sagen

50

Mit dem Joker zusammenarbeiten?

	dafür:	dagegen:
a. Mit dem Joker zusammenarbeiten		
b. Nach Frankfurt fliegen		
c. Das Geld annehmen		
d. Die Chefin informieren		

e. „_____! Das sind ja über tausend Mark."
f. „_____! Ich nehme ... kein Geld von fremden Leuten."
g. „_____! Die hat uns längst vergessen!"
h. „_____! Der Joker hilft uns, und wir helfen dem Joker."

Die Reaktionen von Gröger und Schlock

Reaktionen von Schlock:

a. Er freute sich, *die blonde Zaza wiederzu*sehen.
b. Er sah keinen Grund, *sich mit seinem Kollegen zu* streiten.
c. Er war glücklich, *endlich _____ zu _____*.
d. Er fand es völlig normal, _____.
e. Er war sofort einverstanden, _____.

> die blonde Zaza wiedersehen · sich mit seinem Kollegen streiten · endlich mal reich sein · das Geld des Jokers annehmen · mit dem Joker zusammenarbeiten

Reaktionen von Gröger:

f. Er fand es riskant, _____.
g. Er hatte gute Gründe, _____.
h. Er hielt es für richtig, _____.
i. Er versuchte, _____.
j. Vielleicht hatte er auch Angst, _____.

> das Geld behalten · diesem Joker nicht vertrauen · der Chefin über den Besuch berichten · seinen Kollegen überzeugen · in ein Flugzeug einsteigen

Bedingungen

Gröger:

a. „*Wenn du* so weitermachst, sieze ich dich wieder."
b. „*Wenn* _____, informiere ich die Chefin."
c. „*Wenn* _____, mache ich nicht mehr mit."

Schlock:

d. „*Wenn* _____, dann behalte ich es."
e. „*Wenn* _____, fliege ich allein nach Frankfurt."
f. „*Wenn* _____, kommen wir zu spät."

> das Geld annehmen · mit dem Joker zusammenarbeiten · das Geld nicht haben wollen · nicht mitkommen · dich nicht beeilen

2. ∘∘

Hören Sie den Text an.
Wer ist dafür/dagegen ?
Notieren Sie:
GR = Gröger.
SCH = Schlock

Welche Wendungen verwenden die beiden Männer im Gespräch?
Ergänzen Sie sie.

3. ∘

Wie lassen sich die Reaktionen von Gröger und Schlock erklären?
Formulieren Sie die Sätze.

4.

Jeder versucht, den anderen zu überzeugen.
Welche Argumente können Gröger oder Schlock verwenden?
Formulieren Sie.

20

DIE SITUATION

1.

Manchmal haben die
beiden Männer Pech,
manchmal haben sie Glück.
So geht das auch in Märchen.

**Kennen Sie das Märchen vom
„Rotkäppchen"?**
*Lesen Sie die Sätze und
stellen Sie sie in die richtige
Reihenfolge.
Notieren Sie (1–18).*

Ein Intermezzo

„Rotkäppchen":

a. _____ „Dass ich dich besser fressen kann!" rief der Wolf, packte Rotkäppchen und fraß es auf.

b. _____ „Dass ich dich besser packen kann!" antwortete der Wolf.

c. _____ „Dass ich dich besser sehen kann!" antwortete der Wolf.

d. _____ „Dass ich dich besser hören kann!" antwortete der Wolf.

e. _____ „Großmutter, warum hast du so ein großes Maul?" fragte Rotkäppchen.

f. _____ „Großmutter, warum hast du so große Augen?" fragte Rotkäppchen.

g. _____ „Großmutter, warum hast du so große Hände?" fragte Rotkäppchen.

h. _____ „Großmutter, warum hast du so große Ohren?" fragte Rotkäppchen.

i. _____ Da lief der Wolf schnell ins Haus der Großmutter und fraß sie auf.

j. _____ Dann legte er sich in das Bett der Großmutter und wartete, bis Rotkäppchen kam.

k. _____ Dort traf es den Wolf. Er fragte das Mädchen: „Wo läufst du hin, kleines Rotkäppchen?"

l. _____ Eines Tages sagte die Mutter zu Rotkäppchen: „Geh in den Wald, zum Haus der Großmutter und bring ihr diesen Korb mit Essen."

m. _**1**_ Es war einmal ein kleines Mädchen, das hieß Rotkäppchen.

n. _____ Rotkäppchen fand, dass die Großmutter in ihrem Bett sonderbar aussah, und fragte:

o. _____ Rotkäppchen lief in den Wald.

p. _____ Und wenn sie nicht gestorben sind, dann leben sie heute noch.

q. _____ Rotkäppchen wusste nicht, wie böse der Wolf war und erzählte ihm, dass es zur Großmutter gehen wollte.

r. _____ Zum Glück kam gerade der Jäger. Er tötete den Wolf und befreite Rotkäppchen und die Großmutter aus dem Bauch des Wolfs.

Ein Märchen

a. ein (alter) König ☐
b. eine (schöne) Prinzessin ☐
c. ein (junger) Prinz ☐
d. eine (gute/böse) Fee ☐
e. ein (kleiner) Zwerg ☐
f. ein (großer) (Riese ☐
g. ein (armes) Mädchen ☐
h. ein (alter) Zauberer ☐
i. ein (junger) Wandersmann ☐
j. ein (böser) Wolf ☐
k. ein (dunkler) Wald ☐
l. ein (königliches) Schloss ☐
m. eine (fremde) Stadt ☐
n. ein (goldener) Ring ☐
o. ein (blauer) Schmetterling ☐

2. ○○

Hören Sie den Text an.
*In Märchen gibt es oft die
Personen, Orte und Dinge,
die in der Liste links stehen.
Welche kommen in dem
Text vor?
Kreuzen Sie an.*

	++	+	?
a. Die beiden Freunde machten eine weite Reise.	☐	☐	☐
b. Sie waren dick und faul.	☐	☐	☐
c. Sie kamen in eine fremde Stadt.	☐	☐	☐
d. Sie suchten das königliche Schloss.	☐	☐	☐
e. Dort fanden sie eine wunderschöne Prinzessin.	☐	☐	☐
f. Sie sahen, wie sich die Prinzessin in einen blauen Schmetterling verwandelte.	☐	☐	☐
g. Sie wollten dem blauen Schmetterling folgen.	☐	☐	☐
h. Sie hörten eine Stimme, die etwas rief.	☐	☐	☐
i. Sie machten, was ihnen die Stimme sagte.	☐	☐	☐

**In dem Märchen geht es
um zwei Freunde.**
*Lesen Sie die Beschreibungen.
Kreuzen Sie an:
Das ...*
• *stimmt für beide* = **++**
• *stimmt nur für
einen von ihnen* = **+**
• *weiß man nicht* = **?**

Ein Vergleich

a. Die beiden Freunde sind sich nicht _____ einig.
b. Der eine ist phantasievoll, aber _____ ein bisschen naiv.
c. Der andere ist sachlich, aber _____ ziemlich humorlos.
d. Sie reagieren fast _____ auf die gleiche Weise.
e. Nur _____ findet der eine gut, was der andere macht.

nie • selten • manchmal • oft • meistens • immer

f. Die beiden Freunde scheinen *fremd in der Stadt zu* sein.
g. Ihr Ziel ist es, eine geheimnisvolle Frau _____ .
h. Der eine scheint in die Frau _____ .
i. Der andere sieht keinen Grund, diese Frau _____ .
j. Der eine ist immer bereit, ein neues Abenteuer _____ .
k. Der andere versucht, einen kühlen Kopf _____ .

3. ○

**Welche Gemeinsamkeiten
gibt es zwischen Gröger und
Schlock und den beiden
Freunden im Märchen?**
Ergänzen Sie die Sätze (a–e).

**Ergänzen Sie die Verben in den
Sätzen (g–k).**

• beginnen
• behalten
• bewundern
• finden
• verliebt sein

1.

Im Flughafen

Gröger und Schlock wollen nach Frankfurt fliegen.
Was haben sie zu tun?
Notieren Sie die richtige Reihenfolge (1–6).

Vom Schalter bis ins Flugzeug:

a. _____ einen Flug reservieren
b. _____ ihr Gepäck aufgeben
c. _____ ein Flugticket kaufen
d. _____ einchecken
e. _____ durch die Sicherheitskontrolle gehen
f. _____ ins Flugzeug einsteigen

Beschreiben Sie den Ablauf.

1. *Zuerst müssen sie* _____ .
2. *Dann* _____ .
3. *Danach* _____ .
4. *Gleichzeitig* _____ .
5. *Später* _____ .
6. *Schließlich* _____ .

- müssen
- zu …
  haben
- können
- dürfen

Am Eincheckschalter warten viele Personen.
Wer hat die Priorität?
Wer kommt zuerst an die Reihe?
Kreuzen Sie an.

Personen, die …

a. … älter sind als die anderen. ❑
b. … es eiliger haben als die anderen. ❑
c. … früher da waren als die anderen. ❑
d. … mehr Gepäck haben als die anderen. ❑
e. … weniger Gepäck haben als die anderen. ❑
f. … öfter mit der Fluggesellschaft reisen als die anderen. ❑
g. … weiter reisen als die anderen. ❑
h. … erster Klasse reisen. ❑
i. … besser gekleidet sind als die anderen. ❑

○ DAS HÖRSPIEL 21
2.17

---

2. ○○

Am Schalter

Hören Sie den Text.
Welchen Eindruck haben Sie?
Kreuzen Sie an.

Die Dame am Schalter:
- Ihre Antworten sind klar ❑
- … nicht besonders klar ❑

Gröger und Schlock:
- Sie sind geduldig ❑
- … ungeduldig ❑

Schwierigkeiten bei der Reservierung

	R	F	?
a. Gröger und Schlock sind zu spät gekommen.	☐	☐	☐
b. Ihre Maschine fliegt pünktlich.	☐	☐	☐
c. Es gibt stündlich einen Flug nach Frankfurt.	☐	☐	☐
d. Ihre Maschine ist schon voll.	☐	☐	☐
e. Sie wollen eine andere Maschine nehmen.	☐	☐	☐
f. Sie sollen später wiederkommen.	☐	☐	☐
g. Sie bekommen Plätze in der verspäteten Maschine.	☐	☐	☐

Zahl werktags: _____ **Rhythmus**
der Flüge: am Wochenende: _____ **der Flüge:** _____

Uhrzeiten: **Das passiert:**

09:45   Um Viertel vor zehn ... _____

09:55   _____

10:15   _____

_____ Um zwanzig vor elf ...

_____ Um Viertel nach elf ...

_____ Um Viertel vor zwölf ...
        (Um drei Viertel zwölf)

a) fliegt (fahrplanmäßig) die nächste Maschine.
b) sollte die Maschine nach Frankfurt abfliegen.
c) sind die beiden Männer am Fahrkartenschalter.
d) soll die verspätete Maschine abfliegen.
e) sollen Gröger und Schlock zurückkommen.
f) sollten alle Passagiere am Flughafen sein.

3.   ○

Das Gespräch am Schalter:
Was ist richtig (R)?
Was ist falsch (F)?
Was weiß man nicht?
Kreuzen Sie an.

Notieren Sie die Flug-verbindungen von Berlin nach Frankfurt.

Wann geschieht was?
Ergänzen Sie die Uhrzeiten.

Notieren Sie dann (a–f), was passiert.

Dieser Flughafen ist eine Katastrophe

Gröger erzählt: „So einen schlecht____ (a) Service habe ich noch nie erlebt! Wir sind mit einer klein____ (b) Verspätung am Flughafen angekommen. Es gab eine neu____ (c) Mitarbeiterin am Schalter und sie war völlig inkompetent. Sie glaubte, dass die verspätet____ (d) Passagiere nicht mitfliegen können. Deshalb wollte sie uns keine Plätze für den gewünscht____ (e) Flug geben. Aber dann haben wir dieser jung____ (f) Frau erklärt, dass wir unbedingt mit derselb____ (g) Maschine wie Zaza fliegen mussten. Da hat sie uns zum Glück die beid____ letzt____ (h) Plätze reserviert."

Argumente für eine andere Fluggesellschaft:
a. Ihre Flüge sind _____ .
b. Ihre Wartezeiten sind _____ .
c. Ihre Stewardessen sind _____ .
d. Ihre Maschinen sind _____ .
e. Ihr Service ist _____ .
f. Ihre Preise sind _____ .
g. Ihr Personal ist _____ .

besser
billiger
freundlicher
kompetenter
kürzer
pünktlicher
bequemer

4.

So erzählt Gröger vielleicht das Erlebnis im Flughafen.
Ergänzen Sie die Endungen der Adjektive.

Ergänzen Sie die Argumente, die dafür sprechen, eine andere Fluggesellschaft zu nehmen.

22

Die Situation

1.	**Bei einem Flug**

Welche Vorschriften haben die Fluggäste bei einem Flug zu respektieren?
Kreuzen Sie an, was richtig (R) oder falsch (F) ist.

		R	F
a.	Die Fluggäste müssen sich beim Start und bei der Landung anschnallen.	❑	❑
b.	Es ist Vorschrift, während des Flugs angeschnallt zu bleiben.	❑	❑
c.	Die Fluggäste haben die Anweisungen des Flugkapitäns zu befolgen.	❑	❑
d.	Es ist nicht gestattet, während des Flugs zu schlafen.	❑	❑
e.	Es ist verboten, ein Handy zu benutzen, wenn das Flugzeug startet oder landet.	❑	❑
f.	Im Flugzeug darf man nicht rauchen.	❑	❑

Welche Aufgaben haben der Flugkapitän, die Stewards und Stewardessen?
Erklären Sie.

Der Flugkapitän:

a. *Er <u>hat</u> das Flugteam vor<u>zu</u>stellen.*

b. *Er* _____

c. _____

d. _____

Stewards oder Stewardessen:

e. *Sie haben* _____

f. _____

g. _____

h. _____

Aufgaben:

das Flugteam <u>vor</u>stellen • den Fluggästen ihren Platz zeigen • den Fluggästen die Sicherheitsvorschriften erklären • die Bodenstation über die Position informieren • die Fluggäste an Bord der Maschine begrüßen • die Fluggäste beruhigen, wenn es Probleme gibt • die Fluggäste sicher ans Reiseziel bringen • sich während des Flugs um die Fluggäste kümmern

---

Die Fluggäste

a. eine Frau _____
b. ein Kind _____
c. Schlock _____
d. ein Tourist _____
e. ein Mann _____
f. eine Dame _____
g. eine andere Frau _____
h. ein anderer Herr _____

---

alt • groß • jung • klein • komisch • hat dunkle Haare • sieht nett aus •
schläft • schreit • trinkt Whisky • trägt eine Sonnenbrille • trägt einen
roten Pullover

---

i. Die Frau, _die_ _____ ,sieht wie Zaza aus.
j. Der Mann, _der_ _____ , ähnelt dem Joker.
k. _____ , sieht dem Professor ähnlich.
l. _____ , arbeitet vielleicht für die Mafia.

2. ∘∘

Hören Sie den Text an.
Gröger beobachtet
verschiedene Personen.
Wie sind diese Personen
oder was tun sie?
Notieren Sie Stichworte.

Wer sieht wie aus?
Ergänzen Sie die
Beschreibungen.

Wer sitzt wo?

Personen:	Platz:
Gröger	_____
Schlock	_____
die alte Dame	_____
der schlafende Tourist	_____
die dunkelhaarige Frau	_____
das weinende Kind	_____
der kleine Mann	_____
der große Herr	_____
die junge Frau	_____

3. ∘

Sehen Sie den Sitzplan
des Flugzeugs an:
Wer sitzt wo?
Notieren Sie die Ziffern
der Plätze (1–9) zu den
Personen.

Grögers Reaktionen

a. Der Amerikaner legte den Kopf auf
   seine Schulter. ....
b. Das Kind neben ihm schrie. ....
c. Es hielt sich an seiner Hose fest. ....
d. Der kleine Mann ähnelte dem Joker. .
e. Die Frau vor ihm sah wie Zaza aus. ..
f. Schlock schien nichts zu bemerken. ..

Das fand Gröger ...
... unangenehm
... noch unangenehm _____
... am unangenehm _____
... sonderbar _____
... noch _____
...

4.

Was findet Gröger?
Notieren Sie die passenden
Formen der Adjektive.

23
Die Situation

1.	**Dreharbeiten für einen Film**

Sehen Sie die Illustration (A) an.
Hier dreht man einen Film.
Wer hat dabei die Aufgaben (a–h)?
Notieren Sie (1–8).

> 1) Das Skriptgirl • 2) Die Schauspieler • 3) Der Kameramann • 4) Der Regisseur • 5) Der 1. Regieassistent • 6) Der Toningenieur • 7) Der Beleuchter • 8) Der 2. Regieassistent

a. _____ leitet die Dreharbeiten, gibt den Schauspielern Anweisungen.
b. _____ hilft dem Regisseur, gibt hier mit einem Megaphon die Anweisungen an die Schauspieler weiter.
c. _____ hält hier den „Klapp".
d. _____ spielen ihre Rollen.
e. _____ notiert alle wichtigen Informationen für eine Szene im Skript.
f. _____ ist für die Tonaufnahmen zuständig
g. _____ ist für die Qualität des Bildes zuständig, bedient die Kamera.
h. _____ regelt das Licht, bedient die Scheinwerfer.

⊙ DAS HÖRSPIEL 23
2.21

2.	○ ○	**Die Ankunft in Frankfurt**

Hören Sie den Text an (Teil 1).
Schlock weiß, was los ist.
Ergänzen Sie seine Sätze.

a. „Das ist kein Flughafen, *das* _____".
b. „Wir machen genau, *was* _____".
c. „Ich bin nicht wirklich Schlock. *Ich* _____".
d. „Alles, was wir sagen, steht im Buch:
_____, _____,".

3.	○ ○	**Eine Verfolgungsjagd**

⊙ **Hören Sie den Text an**
2.22 **(Teil 2).**
Was passiert?
Notieren Sie Stichworte zu den Fragen.

a. Welche Anweisungen gibt Schlock dem Taxifahrer?
b. Warum hält das Taxi?
c. Wer kommt ihnen zu Hilfe?
d. Wohin fahren sie dann?
e. Wie sieht es dort aus?

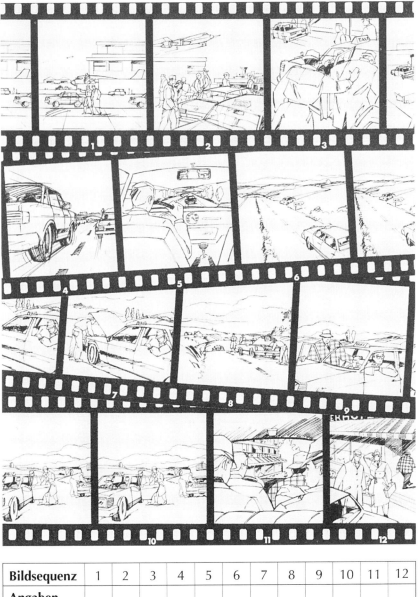

Welche Angaben im Drehbuch passen zu den Bildsequenzen (1–12)?
Notieren Sie (a–l).

Angaben:
a) Landstraße. Zweites Taxi im Hintergrund.
b) Taxi hält vor elegantem Hotel.
c) Taxi mit geöffneter Motorhaube.
d) Viele leere Taxis, eilige Passagiere.
e) Schlock und Gröger finden ein freies Taxi.
f) Taxi von innen.
g) Schlock und Gröger mit zwei kleinen Koffern in der Hand vor dem Hoteleingang.
h) Autobahn. Riskante Verfolgungsfahrt.
i) Das zweite Taxi hält neben dem ersten. Der Joker steigt aus.
j) Ruhige Landstraße
k) Schöner Frühlingstag. Vor dem Flughafen.
l) Alle steigen in das zweite Taxi ein. Nur der Fahrer des ersten Taxis bleibt zurück.

Bildsequenz	1	2	3	4	5	6	7	8	9	10	11	12
Angaben												
Repliken												

Welche Repliken (m–y) passen?
Notieren Sie.

Repliken: m) „Besten Dank." n) „Fahren Sie schnell!" o) „Guten Morgen, meine Herren." p) „Hör auf! Immer denkst du ans Geld." q) „Keine Angst!" r) „Na, dann gute Nacht!" s) „Na, viel Vergnügen, bei diesem Verkehr." t) „Reiner Zufall!" u) „Sind Sie frei?" v) „Verdammtes Pech!" x) „Verfolgen Sie die blonde Dame da vorn!" y) „Wo kommen Sie denn her?"

a. _____ Darüber will Schlock jetzt nicht sprechen.
b. _____ Damit ist die Reise zu Ende.
c. _____ Davon versteht der Chauffeur nichts.
d. _____ Dabei kann ihnen der Joker nicht helfen.

Gesprächsthemen
Wovon ist hier die Rede?
Notieren Sie die Gesprächsthemen (1–4), die passen.

Gesprächsthemen: 1) das Kühlsystem des Autos 2) die Frage, wo der Professor ist 3) die Reparatur der Panne 4) Sie haben eine Panne.

24

Die Situation

Einlegen der Batterien 1
1 Öffnen Sie den Batteriefachdeckel.
2 Legen Sie die beiden Batterien ein.
3 Schließen Sie den Batteriefachdeckel.

Einlegen der Kassette 2
1 Drücken Sie den OPEN-Knopf zum Öffnen des Kassettenhalters.
2 Legen Sie die Kassette mit der Bandseite nach unten ein.
3 Schließen Sie den Kassettenhalter.

Aufnahme 3
1 Legen Sie die Kassette ein.
2 Stellen Sie den REV MODE-Schalter wunschgemäß ein:
⟲ : um nur die Vorder- oder Rückseite zu bespielen.
⟳ : um beide Kassettenseiten zu bespielen.
3 Wählen sie durch Drücken der STOP/DIR-Taste die Bandlaufrichtung.
4 Ziehen Sie das Mikrofon heraus und richten Sie es auf die Schallquelle aus.
5 Halten Sie die RECORD-Taste gedrückt und drücken Sie gleichzeitig die PLAY/DIR-Taste.
6 Stellen Sie den Aufnahmepegel am VOLUME/MIC SENSOR-Regler ein. Normalerweise sollte dieser Regler zwischen Position 5 und 10 stehen.

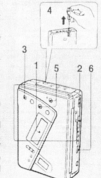

1. Was war geschehen?

Erzählzeit Plusquamperfekt:
Ergänzen Sie die Verben (Plusquamperfektform) in den Sätzen.

Verben:

a) angekommen sein
b) genommen haben
c) gegeben haben
d) stehen geblieben sein – kaputt gegangen sein
e) gehalten haben – ausgestiegen sein
f) geglaubt haben – gekommen sein – angenommen haben
g) eingestiegen sein – gefahren sein

Das <u>war geschehen</u>:

a. Sie **waren** auf dem Frankfurter Flughafen _____ .
b. Dort _____ sie ein Taxi _____ .
c. Sie _____ dem Fahrer die Anweisung _____ , das Taxi von Zaza zu verfolgen.
d. Aber leider _____ ihr Taxi dann _____ , weil etwas am Motor kaputt _____ .
e. Zum Glück _____ ein anderes Taxi neben ihnen _____ und der Joker _____ .
f. Sie _____ nicht _____ , dass er zufällig hier vorbei _____ , aber sie _____ seine Hilfe _____ .
g. Sie _____ in das Taxi des Jokers _____ und _____ mit ihm zu Zazas Hotel _____ .

2.

Ein Kassettenrecorder

Der Kassettenrecorder spielt in der nächsten Folge eine wichtige Rolle.
Lesen Sie die Gebrauchsanweisung (s. o.): Wo finden Sie die Informationen (a–e)? Notieren Sie.

Informationen:	**Gebrauchsanweisung:** Teil:	Punkt:
a. Wo das Mikrofon ist		
b. Wie man die Batterien einlegt		
c. Wie man den Kassettenhalter öffnet		
d. Was man machen muss, wenn man beide Seiten bespielen will		
e. Auf welche Tasten man für eine Tonaufnahme drücken muss		

Der Plan

a. Was hatten die beiden Männer mit ihrem Kassettenrecorder vor?
   Sie hatten vor, _____
b. Welche technischen Besonderheiten hatte dieser Recorder?
   Er schaltete sich nur dann ein, wenn _____

3. ○○

Hören Sie den Text an (Teil 1).
Worin bestand der Plan?
Ergänzen Sie die Sätze.

Schwierigkeiten

a. *Vielleicht* **hatten** *sie* _____
b. _____
c. _____
d. _____

c) vergessen, Batterien zu kaufen   d) die Gebrauchsanweisung verlieren
e) sich nicht erklären lassen, wie das Gerät funktioniert   f) Zazas Zimmernummer nicht herausfinden können

4. ○

„Aber nun zeigten sich die ersten Schwierigkeiten", **heißt es im Text.**
Welche Schwierigkeiten hatten sie vielleicht?
Formulieren Sie.

Probleme und Lösungen

	Gab es ... ein Problem? Es gab eins:		keins:	eine Lösung? eine:	keine:
• der Kassettenrecorder	☐		☐	☐	☐
• die Batterien	☐		☐	☐	☐
• die Tonbänder (Kassetten)	☐		☐	☐	☐
• Zazas Zimmernummer	☐		☐	☐	☐
• der Portier	☐		☐	☐	☐
• Zazas Zimmertür	☐		☐	☐	☐

a. *Sie hatten geglaubt, dass Schlock* _____
   aber dann haben sie _____
b. *Sie hatten nicht gewusst, welche* _____
   aber dann _____
c. _____ *, die Tür zu öffnen,*
   aber leider _____

a) vergessen • in seiner Manteltasche finden   b) Zimmernummer haben
• den Portier fragen   c) versuchen • nicht aufgehen

d. *Wenn* _____ ,
   stellen wir den Recorder unter ihren Liegestuhl.
e. *Wenn* _____ ,
   holen wir das Ding wieder ab.
f. *Wenn der Plan klappt, können wir dann hören,* _____
   _____ .

5. ○○

○ ***Hören Sie den Text an***
2.25 ***(Teil 2).***
   Womit hatten die beiden Männer Probleme?
   Wofür fanden sie Lösungen?
   Kreuzen Sie an.

Waren Gröger und Schlock erfolgreich?
Ergänzen Sie die Sätze.

Welchen neuen Plan hatte Schlock?
Ergänzen Sie die Sätze.

61

1.

Die Textfassung (Teil 1)

Alles ging gut. Nur eine Kleinigkeit hatten Schlock und Gröger vergessen: das Wasser. Zaza hatte ihren Liegestuhl direkt an den Rand des Swimmingpools gestellt.

Als die beiden Spione wieder in ihr Zimmer zurückgekehrt waren, schaltete Gröger den Kassettenrecorder ein.

Nach einer halben Minute sagte Schlock: „Was ist nur mit diesem Band los? Was sind das für schreckliche Geräusche?"

Alle paar Sekunden hörte man auf dem Tonband ein merkwürdiges Klatschen.

„Das hört sich an wie ein Hurrikan", rief Gröger.

„Richtig!" sagte Schlock. „Jedesmal, wenn jemand ins Wasser springt oder vorbeischwimmt, versteht man sein eigenes Wort nicht mehr. Dieser Kassettenrecorder ist wirklich erstklassig. Er nimmt jedes Geräusch auf."

Nur dann und wann konnten die beiden ein paar Wörter verstehen.

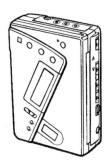

Lesen Sie den 1. Teil der Textfassung der nächsten Folge.
Formulieren Sie Antworten zu den Fragen (a–d).

a. Wann hörten die beiden Herren die Kassette an?
   Als _____

b. Woran hatten sie leider nicht gedacht?
   Sie _____

c. Wann hörte man diese sonderbaren Geräusche?
   Jedes mal, wenn _____

d. Konnte man überhaupt nichts verstehen?
   Doch, aber _____

Das Gespräch

	Zazas	des Professors
❑	Beruf/Arbeit	❑
❑	Familie	❑
❑	Lebensgeschichte	❑
❑	Projekte/Pläne	❑

2. ○○

Hören Sie den Text an.
Um welche Themen geht
es im Gespräch?
Kreuzen Sie an.

Lebensgeschichten

Zazas Geschichte

Zeitangaben:	Orte:	Personen:	andere Informationen:

3. ○

Zeitangaben, Namen von
Orten, von Personen und
andere wichtige Informationen.
Notieren Sie Stichworte.

Die Geschichte des Professors

Zeitangaben:	Orte:	Personen:	andere Informationen:

Zazas Lebenslauf

a. Wann und wo ist Zaza geboren?
b. War ihr Vater Brasilianer?
c. Was war ihr Vater von Beruf?
d. Hatten sie Verwandte in Brasilien?
e. Was war 1975 geschehen?
f. Hat oder hatte sie Geschwister?
g. Ist oder war sie verheiratet?

4.

Was erfährt man über Zaza?
Was kann man vermuten?
Berücksichtigen Sie dabei
auch die Angaben in
Zazas Pass (Folge 19).
Schreiben Sie einen
kurzen Lebenslauf.

Zaza _____

_____

_____

_____

Die Familie von Zaza

5	—	2 Mutter	—	3

7	6	**1 Zaza**	4

Vater · Schwager · Ehemann · Halbschwester · Stiefvater · <u>Mutter</u>

Ergänzen Sie den
Familienstammbaum
von Zaza.

26

Die Situation

1.	**Die Ereignisse im Hotel**

Erzählen Sie, was geschehen war.
Formulieren Sie Sätze mit den Satzelementen.

Gröger war skeptisch gewesen • Die Idee von Schlock (…) hatte geklappt • den Kassettenrecorder unter Zazas Liegestuhl stellen
a) *Obwohl Gröger* _____

Zaza und der Professor (…) hatten anscheinend nichts bemerkt. Sie hatten sich am Swimmingpool unterhalten
b) *Zaza und der Professor,* _____

Die beiden Herren wollten dann die Kassette anhören • Sie entdeckten leider (etwas) • Nur ein Teil des Gesprächs war verständlich
c) *Als* _____

Jemand war ins Wasser gesprungen • Das Geräusch war so laut gewesen • Man konnte nichts anderes verstehen
d) *Immer wenn* _____

Sie hatten jetzt etwas mehr über Zazas Familie erfahren • Es gab für Gröger und Schlock keinen Grund • mit dem Ergebnis ihrer Aktion zufrieden sein
e) *Obwohl* _____

Sie mussten leider (etwas) feststellen • Sie hatten wie immer mehr Fragen als Antworten
f) *Leider* _____

Noch ein Bericht

Angaben zu
• Gegenstand: _____
• Datum: _____
• Uhrzeit: _____
• Ort: _____

Hören Sie den Text an. Es handelt sich um einen Bericht. Welche Angaben gibt es? Notieren Sie.

Die Diskussion zwischen Gröger und Schlock

	GR +	GR –	SCH +	SCH –
Punkte:				
a. Beziehung zwischen dem Professor und Zaza	☐	☐	☐	☐
b. Zazas Ehemann	☐	☐	☐	☐
c. Gründe für die Emigration nach Brasilien	☐	☐	☐	☐
d. Das Leben von Zazas Familie in Brasilien	☐	☐	☐	☐
e. Verschwinden von Zazas Vater	☐	☐	☐	☐
f. Unterschied zwischen „einer Schwester" und „einer anderen Tochter der gleichen Mutter"	☐	☐	☐	☐

Kreuzen Sie an, wem die Punkte (a–f) ...
• *besonders wichtig sind* = +
• *völlig egal sind.* = –
GR = Gröger
SCH = Schlock

Verschiedene Standpunkte

Welche Standpunkte vertreten die beiden Herren?

Der eine Herr:
a) *Ich habe den Eindruck, dass*
_____

b) *Ich bin der Meinung,*
_____

c) *Ich bin überzeugt,*
_____

d) *Wir sollten uns die Frage stellen,*
_____

e) *Es wundert mich,*
_____

f) *Meiner Ansicht nach*
_____
_____

Der andere Herr:
a) *Es ist doch Jacke wie Hose, ob*
_____

b) *Es ist mir völlig gleichgültig,*
_____

c) *Es gibt doch überhaupt keinen Grund,*
_____

d) *Wie kommen Sie auf die Idee,*
_____ ?

e) *Es interessiert mich nicht im geringsten,*
_____

f) *Ich muss Ihnen allerdings Recht geben,*
_____

Ergänzen Sie die Sätze.

a) Der Professor ist in Zaza verliebt. • Hat sie mit dem Professor geschlafen? b) Zaza war mit einem Griechen verheiratet. • Mit wem ist sie verheiratet? c) Im Sommer 1975 ist etwas Schlimmes passiert. • sich Gedanken darüber machen. d) Warum war der Vater eines Tages plötzlich verschwunden? • Es handelt sich um ihren Vater. e) Zaza spricht von einer anderen Tochter ihrer Mutter. • Was meint sie damit? f) Das alles ist ziemlich geheimnisvoll.

27

DIE SITUATION

1.

Mit dieser Beschreibung beginnt die Textfassung dieser Folge.

Ein Besuch

Die Textfassung:

Ach, unsere beiden Helden waren müde. Gröger lag rauchend auf dem Bett, und Schlock wollte gerade seine Tonbänder einpacken, als jemand laut an die Zimmertür klopfte.

„Herein!", riefen die beiden wie aus einem Mund.

Es war Zaza. Diesmal war sie so blond wie nie zuvor, und ihr Lächeln war wunderbar. ...

	GR	SCH
a. Er ärgerte sich über den Besuch.	☐	☐
b. Er war glücklich über den Besuch.	☐	☐
c. Er wurde rot vor Freude.	☐	☐
d. Er war sprachlos vor Überraschung.	☐	☐
e. Er wusste nicht, was er sagen sollte.	☐	☐
f. Er wollte das Gespräch so schnell wie möglich beenden.	☐	☐
g. Er blieb misstrauisch, obgleich Zaza lächelte.	☐	☐
h. Er hatte sofort Vertrauen in sie.	☐	☐
i. „Wenn das die Chefin erfährt, sind wir arbeitslos."	☐	☐
j. „Alles halb so schlimm! Hast du keinen Hunger? Ich meine, jetzt gehen wir erst einmal essen."	☐	☐

Bei welchem der beiden Herren erwarten Sie die Reaktionen (a–h)? Kreuzen Sie an.
GR = Gröger
SCH = Schlock

Wer sagt das wohl, nachdem Zaza wieder gegangen ist? Kreuzen Sie an.

◉ DAS HÖRSPIEL 27
2.30

---

2.   ○○

Das Gespräch

Hören Sie den Text an (Teil 1).
Wie spricht Zaza mit den beiden Männern?

Ihr Tonfall ist

wütend	☐
ärgerlich	☐
ironisch	☐
freundlich	☐

Gesprächspunkte

Von wem?

von Charlie	☐
von dem Professor	☐
von den Helmut Schmidts	☐
von Zebra	☐
vom Joker	☐
von Zazas Vater	☐
von Zazas Mutter	☐
von ihrer Schwester	☐
von Gröger und Schlock	☐
von der Mystery Corporation	☐
von der Polizei	☐

Wovon?

von dem Tonband	☐
von dem Kassettenrecorder	☐
von Zazas Handtasche	☐
von dem Brief	☐
von dem Fernglas	☐
von den Adressen	☐
von Zazas Pass	☐
von Brasilien	☐
von der U-Bahn	☐
von dem Geld	☐
von der Reise nach Warschau	☐

Zazas Erklärungen

a. *Zaza hatte gemerkt, dass sich die beiden Männer für sie*
   <u>*interessiert hatten*</u>.

b. *Gröger und Schlock waren ihr aufgefallen,*
   weil _____ .

c. *Sie erinnerte sich daran,*
   _____

d. *Sie war dankbar dafür gewesen,*
   _____ .

e. *Es hatte sie amüsiert,*
   _____

f. *Sie hatte sich darüber gewundert,*
   _____ .

---

a) ... b) sich so sonderbar benehmen c) sie im Restaurant gesehen haben d) die Tasche zurückgeben e) Schlock mit dem Fernglas auf der Straße sehen f) sie nie ansprechen

---

Nach dem Besuch

Gröger:

a) *Er machte sich Sorgen* _____
   wegen _____ .

b) *Er ärgerte sich darüber,*
   _____ .

c) *Er war immer noch der*
   Meinung, dass
   _____ .

Schlock:

d) *Er machte sich keine Gedanken*
   über _____ .

e) *Er freute sich auf* _____

f) *Er war sicher glücklich*
   darüber, _____
   _____ .

---

3.   o

Von wem und wovon ist in dem Gespräch die Rede?
Kreuzen Sie an.

4.

Was erfahren Gröger und Schlock bei dem Gespräch?
Ergänzen Sie die Sätze.

5.   oo

○ *Hören Sie den Text an*
2.31 ***(Teil 2).***
   Gröger und Schlock reagieren
   wie immer verschieden.
   Notieren Sie Stichworte und
   beschreiben Sie dann ihre
   Reaktionen.

67

28

DIE SITUATION

1.

Dies ist die letzte Folge.
Was für ein Ende erwarten Sie?
Kreuzen Sie an.

Die letzte Folge

Ein Ende wie ...

a. in einem **Kriminalroman:**
   Der Detektiv findet die Lösung aller Rätsel. ❑

b. in einem **Liebesroman:**
   Die Liebe gewinnt und es gibt ein Happyend. ❑

c. in einem **Abenteuerroman:**
   Der Held findet den gesuchten Schatz und meistens
   auch eine hübsche Partnerin. ❑

d. in einer **Tragödie:**
   Obwohl sie unschuldig sind, müssen der Held oder die
   Heldin sterben. ❑

e. in einer **Komödie:**
   Nach vielen Komplikationen sind alle wieder zufrieden. ❑

f. in einem **Märchen:**
   Der Held heiratet die schöne Prinzessin. Und wenn sie
   nicht gestorben sind, dann leben sie heute noch. ❑

g. in **allen vorangegangenen Folgen:**
   Es gibt wie immer mehr Fragen als Antworten. ❑

○ DAS HÖRSPIEL 28
2.32

---

2. ○○

Hören Sie den Text (Teil 1).
Wer nimmt an dem Abend-
essen im Restaurant teil?
Notieren Sie die Namen und
(eventuell) Erklärungen.

Die Ankunft im Restaurant

Personen:	(zusätzliche Erklärungen:)
1.	
2.	
3.	
4.	
5.	
6.	
7.	
8.	

68

Vorwürfe

Welche Personen?
a. _____ hatte nicht immer pünktlich gezahlt.
b. _____ hatte auch mal vergessen, das Geld zu bringen.
c. _____ haben sich über die beiden Männer lustig gemacht.
d. _____ hatte in seinen Berichten oft Lügen erzählt.
e. _____ hatte von den beiden Männern 200 Mark kassiert.
f. _____ hatte die Handtasche gestohlen.

3. ○

Alle haben Gründe, sich für etwas zu entschuldigen.
Notieren Sie die Namen der Personen in den Sätzen (a–f).

Zazas Ansprache

„…, Sie wollen sicher wissen, warum ich Sie hierher gebeten habe."
a. „Ganz einfach: _____"
b. „Alles, was Sie bisher erlebt haben, _____"
c. „Als Agenten waren Sie _____"
d. „Zusammen aber kann aus Ihnen _____"

4. ○○

○ *Hören Sie den Text an*
2.33 *(Teil 2).*
    *Welche Erklärungen gibt
    Zaza bei ihrer Ansprache?
    Ergänzen Sie die Sätze.*

Die Belohnung

Beide bekommen als Geschenk ... _____
Gröger: *Sein _____ ist _____, aber
          dafür ist er _____ als der von Schlock.*
Schlock: *Sein _____ ist _____, aber dafür
          ist er nicht so _____ wie der von Gröger.*

5. ○

*Was schenkt Zaza den
beiden Detektiven?*
Ergänzen Sie die
Beschreibungen.

Zukunftsperspektiven

Hinweis darauf, dass ...	Das sagt Zaza:
... Gröger und Schlock weiter als Team zusammenarbeiten werden.	a) „Ich _____ "
... es noch viel Arbeit für sie geben wird.	b) „ _____ "
... Zaza hofft, dass das Projekt ein Erfolg werden wird.	c) „ _____ "
... Gröger und Schlock bei ihrer Arbeit sicher oft reisen werden.	d) „ _____ "

6. ○

Zaza spricht über die Zukunft.
Welche Äußerungen von
Zaza geben Hinweise auf die
zukünftigen Projekte?
Notieren Sie die Äußerungen.

7. Und wie geht es weiter?

*Wie stellen Sie sich die
Fortsetzung vor?
Wofür braucht Zaza wohl
unsere beiden Detektive?
Wen oder was sollen
sie finden?
Werden sie erfolgreich
sein ...?*

IV. Die Textfassung

Folge 1

Gröger:	„He, Schlock!"
Schlock:	„Ja, was ist?"
Gröger:	„Schlafen Sie?"
Schlock:	„Nein. Warum?"
Gröger:	„Sind Sie müde?"
Schlock:	„Müde? Ich? Ich bin nicht müde. Ich bin nervös."
Gröger:	„Das Foto, bitte!"
Schlock:	„Hier. Sehen Sie, wie sie lächelt!"
Gröger:	„Eine sonderbare Frau."
Schlock:	„So? Warum?"
Gröger:	„Arrogant. Finden Sie nicht?"
Schlock:	„Unsinn. Ich finde sie wunderbar."
Gröger:	„Sie ist gefährlich."
Schlock:	„Ach was!"
Gröger:	„Ein Biest."
Schlock:	„Idiot!"
Gröger:	„Wer? Ich?"
Schlock:	„Entschuldigen Sie, Gröger. Ich bin heute nervös."
Gröger:	„Ich auch. Wir sind beide nervös. Warten, warten, immer warten. Das ist doch idiotisch."
Schlock:	„Das ist nicht idiotisch. Das ist normal."
Schlock:	„Da kommt sie."
Gröger:	„Wo?"
Schlock:	„Das ist sie doch."
Gröger:	„Unsinn. Das ist sie nicht. Zaza, das Biest ist blond, aber die Frau dort ist dunkel."
Schlock:	„Blond oder nicht blond, sie ist es. Schnell! Wir haben keine Zeit. Da kommt der Zug. Er wartet nicht."
Gröger:	„Moment! Was macht Zaza? Steigt sie ein oder steigt sie nicht ein?"
Schlock:	„Schlafen sie nicht, Gröger! Natürlich steigt sie ein. Wir auch. Kommen Sie! Es geht los!"

Ein Mann kommt zu Gröger und Schlock und sagt:

„Ihre Fahrkarten, bitte!"

„Hier ist meine", sagt Gröger.

„Danke. Und Sie, mein Herr?"

„Wie bitte?"

„Ihre Fahrkarte!"

„Meine Fahrkarte?", sagt Schlock. „Warum denn?" „Kontrolle."

„Ach so. Moment. Hier ist sie."

„Das ist doch keine Fahrkarte", sagt der Mann. „Das ist ein Foto."

„Entschuldigen Sie."

„Natürlich", sagt Gröger. „Er findet seine Fahrkarte nicht.

Das ist typisch."

„Sie haben keine Fahrkarte", sagt der Mann. „Das kostet 60 Mark."

Schlock ist sehr nervös. Er ruft: „Gröger! Gröger! Sehen Sie? Sie steigt aus."

„Wer?"

„Fragen Sie nicht so dumm! Zaza natürlich!", ruft Schlock.

„Machen Sie schnell", sagt Gröger. „Wir steigen auch aus."

„Moment mal, meine Herren", sagt der Mann. „Warten Sie doch!"

Aber Gröger und Schlock warten nicht. Sie haben keine Zeit.

„Hier ist Ihr Geld", sagt Schlock.

„Zehn Mark", sagt der Mann, „zwanzig, vierzig, sechzig.

Warten Sie bitte! Ihre Quittung!"

Aber Schlock und Gröger sind schon weg.

Gröger und Schlock sehen Frauen, Polizisten, Kinder. Aber keine Zaza.

„Wo ist sie hin?", fragt Gröger.

„Sie ist weg. Einfach weg", sagt Schlock.

„Was machen wir nun? Wir wissen nicht, wo sie wohnt."

„Wir fragen einfach."

„Wen denn? Die Polizisten?"

„Nein. Die Kinder."

„Das hat doch keinen Sinn."

„Warum nicht? - Hallo, Kinder", ruft Schlock. „Kommt ihr mal her?"

Die Kinder lachen.

„Wie heißt du?", fragt er das eine Kind.

„Wer? Ich? Das sag' ich nicht."

„Sehen Sie, Schlock?", sagt Gröger. „Die Kinder sind arrogant."

„Ach was", sagt Schlock.

Die Kinder laufen hin und her. Sie rufen: „Was wollen Sie hier?

Wen suchen Sie? Wie heißen Sie?"

„Ich heiße Schlock", sagt Schlock.

„Schlick, Schlack, Schlock!", rufen die Kinder.

„Ich habe hier ein Foto", sagt Schlock. „Das ist die Frau, die ich suche. Kennt ihr die?"

„Natürlich nicht", sagt das eine Kind. Es lacht und läuft weg.

„Aber ich kenne sie", ruft das andere Kind.

„Wunderbar", sagt Schlock. „Wisst ihr, wo sie wohnt?"

„Natürlich wissen wir das", sagen die Kinder.

„Wo?" fragt Gröger.

„Das sagen wir nicht."

„Da sehen Sie es, Schlock. Es hat einfach keinen Sinn."

Die Kinder laufen hin und her und rufen: „Wer seid ihr? Was wollt ihr hier? Wen sucht ihr?"

„Wir suchen eine Frau", sagt Gröger.

„Haha! Er sucht eine Frau", rufen die Kinder und lachen.

„Wo lauft ihr denn hin?", fragt Schlock.

„Nach Hause", rufen die Kinder. Schon sind sie weg.

Gröger ist wütend.

Schlock fragt ihn: „Aber mein lieber Gröger, was ist los? Was haben Sie?"

„Biester sind das!", ruft Gröger.

„Das macht doch nichts", sagt Schlock.

„Kinder machen mich immer nervös", sagt Gröger.

Schlock lacht. „Ich liebe Kinder. Ich finde sie nett."

„Also los", sagt Schlock. „Suchen wir. Wer sucht, der findet."

„Wir haben keine Chance", sagt Gröger.

„Sehen Sie dieses Haus da drüben? Vielleicht wohnt sie dort."

„Vielleicht, vielleicht auch nicht."

„Warum so negativ, Gröger? Warum so müde?"

„Ich bin nicht müde. Ich bin wütend."

„Warten Sie! Ich habe eine Idee."

„So?"

„Ihr Türschild."

„Wie bitte?"

„Ja. Vielleicht finden wir ihren Namen. Kommen Sie!"

Die Haustür ist zu, aber es gibt ein Schild mit Namen:

o Baumann	o Eva Wagner	o von Katzenstein
o Dr. Hoffmann	o Z Import-Export Zapanopoulos	o Helmut Schmidt

„Das ist sie!", ruft Schlock.

„Wo?"

„Hier."

„Aber warum denn? ‚Zapanopoulos – so heißt sie doch gar nicht."

„Ach, Gröger, Sie sind ein Idiot. Sehen Sie dieses Z? Z wie Zaza. Das ist doch klar."

„Vielleicht, vielleicht auch nicht."

„Aber natürlich ist sie das", sagt Schlock.

„Da ist schon wieder ein Polizist", sagt Gröger.

„Unsinn. Sie sehen doch, der Mann hat eine enorme Tasche. Das ist kein Polizist, das ist der Postbote. Schnell hinterher!"

Der Mann mit der Tasche klingelt. Er öffnet die Tür. Schnell läuft Gröger hinterher.

Schlock wartet draußen, eine Minute, zwei Minuten, drei Minuten.

Da ist der Postbote wieder, aber wo ist Gröger?

Schlock geht nervös hin und her.

„Da sind Sie ja endlich! Was ist los?"

„Nicht hier", sagt Gröger. „Vorsicht! Kommen Sie, Schlock. Da drüben gibt es einen Park. Wir finden dort sicher eine Bank."

„Also, was ist? Sagen Sie schon."

„Hier. Ich habe den Beweis", ruft Gröger.

„Was? Einen Brief? Geben Sie her."

> Mme. Zaza
> c/o Z. Import–Export
> Welserstr. 3
> D-10777 Berlin

„Sie wohnt also doch hier", sagt Schlock. „Wunderbar!

Aber woher haben Sie den Brief?"

„Ganz einfach", sagt Gröger.

„Sie sind verrückt", ruft Schlock. „Das ist ja kriminell!"

„Mein lieber Schlock, was wollen Sie? Ich finde, das ist ganz normale Arbeit." Gröger lacht.

„Also, was ist? Öffnen wir den Brief!"

```
The Mystery Corporation
201 Fifth Avenue
New York, NY 10011, U.S.A
```

Liebe Madame Zaza,

unser Projekt läuft nicht schlecht, unsere Chancen sind sehr gut. Nur haben wir wenig Zeit. Also machen Sie schnell! Sie kennen uns, und wir kennen Sie. Sie wissen auch, wie wir arbeiten. Unser Plan ist ganz einfach. Der Joker wartet immer bis zehn Uhr bei Charlie. Er hat die Adressen und das Paket. Rufen Sie ihn dort an! Er hat auch einen neuen Pass für Sie. Dann nehmen Sie den Schnellzug nach Warschau ... Ohne Pass kommen Sie nicht durch die Kontrolle. Keine Angst! Der Pass ist gut.

In Warschau holt Sie unser Freund ab. Sein Auto, ein Mercedes, hat die Nummer 23-444. Steigen Sie ein, aber fragen Sie ihn bitte nicht, wohin er fährt. Das verstehen Sie vielleicht nicht, aber das macht nichts. Sie geben das Paket ab und gehen weg. Ach ja, die Quittung! Natürlich wollen wir eine Quittung haben. Sicher ist sicher!

Sie warten in Warschau auf den Zug nach Berlin. Um zwölf Uhr sind Sie wieder da. Das ist alles. Das Geld finden Sie, wie immer, bei Professor S. Fünfzig für uns, fünfzig für den Joker.

Viel Glück!
ZEBRA

GRÖGER: „Also, was sagen Sie nun?"
SCHLOCK: „Ich finde diesen Brief sehr sonderbar."
GRÖGER: „Und warum?"
SCHLOCK: „Ich verstehe ihn nicht. Was heißt: Import-Export? Wer ist der Joker? Warum fährt sie nach
             Warschau? Wen oder was sucht sie dort? Und dann diese Mystery Corporation. Ich weiß nicht,
             wer sie sind, aber ich habe etwas gegen diese Leute. Sicher sind ihre Geschäfte kriminell.
             Spione sind das! Oder es ist die Mafia."
GRÖGER: „Moment mal, Schlock! Vorsicht! Nicht so schnell. Was wissen wir sicher? Punkt eins:
             Dieser Brief kommt aus Amerika. Punkt zwei: Zaza ist Ausländerin."
SCHLOCK: „Natürlich ist sie Ausländerin. Zaza – dieser Name ist doch nicht deutsch."
GRÖGER: „Ja, aber nun haben wir den Beweis."
SCHLOCK: „Was macht sie in Warschau?"
GRÖGER: „Fragen Sie mich nicht, Schlock. Fragen Sie die Mystery Corporation! – Punkt drei: Der Joker ist
             ihr Kontaktmann in Berlin."
SCHLOCK: „Und wer ist ihr Freund in Warschau?"
GRÖGER: „Das verstehe ich auch nicht. – Punkt vier: Das Paket. Vielleicht ist das Kokain? – Punkt fünf:
             Das Geld. Diese Leute haben viel Geld. Ich frage Sie: Woher kommt dieses Geld?"
SCHLOCK: „Viel Geld? Fünfzig Mark, das ist doch sehr wenig."
GRÖGER: „Ach Schlock, Sie sind immer so naiv."
SCHLOCK: „Ich, naiv?"
GRÖGER: „Ja. Das sind natürlich nicht fünfzig Mark, mein Lieber! Das sind fünfzigtausend, vielleicht auch
             fünfzig Millionen."
SCHLOCK: „Unsinn."
GRÖGER: „Oder Dollar."
SCHLOCK: „Sie sind verrückt, Gröger."
GRÖGER: „Vielleicht, vielleicht auch nicht. Doch jetzt bringen Sie schnell den Brief zurück.
             Aber seien Sie vorsichtig!"

Teil 1

„Also, gehen wir nach Hause?", fragt Schlock.

„Nein", sagt Gröger. „Wir machen weiter."

„Ich habe keine Lust mehr", sagt Schlock.

„Warum? Wir hatten heute viel Glück. Ich bin zufrieden."

„Und ich bin müde. Ich habe einfach keine Lust mehr."

„Wir waren gut. Wir hatten Erfolg!"

„Aber jetzt habe ich Hunger. Ich will endlich etwas essen, und dann will ich schlafen."

„Das ist keine gute Idee", sagt Gröger.

„Ich steige aus. Ich mache nicht mehr mit!"

„Na ja", sagt Gröger, „ wenn Sie keine Lust mehr haben, hilft alles nichts."

Die Zeit vergeht. Es ist elf Uhr. Es regnet. Schlock schläft ein.

„Aufwachen!" ruft Gröger. „Da kommt Zaza durch den Park!"

Schlock ist sofort ganz wach.

„Sehen Sie, Gröger, gestern war sie dunkel, heute ist sie wieder blond. Sehr blond. Wunderbar blond."

Gröger sagt: „Wie sie aussieht, das ist hier nicht die Frage. Die Frage ist: Was will sie?"

„Ganz einfach, sie telefoniert. Das sehen Sie doch, Gröger. Da sind zwei Telefonzellen. Beide sind leer. Aber Vorsicht! Wenn sie uns sieht ..."

Teil 2

Zaza telefoniert.

„Hallo! — Ja, ich bin's. — Ach, ihr und eure Projekte! Ich kenne das. — Idioten seid ihr! Ihr habt doch nur eure Geschäfte im Kopf. — Das Geld interessiert mich nicht. — Sucht euch doch eine Deutsche! — Natürlich, mein Risiko ist euch egal. Ihr seid ja verrückt! — Das ist doch nicht meine Sache, das ist dein Problem, mein Lieber. — Ja, ich rufe dich wieder an. — Also bis morgen. Ich mache jetzt Schluss. — Wie du willst. — Auf Wiedersehen."

Zaza geht durch den Regen nach Hause.

Gute Nacht, Gröger! Gute Nacht, Schlock!

Das war ein langer Tag. Ihr hattet Glück, ihr hattet Pech.

Schlaft gut.

Ihr wisst nicht, was euch morgen erwartet. Vielleicht ist das gut so ...

Ein Traum

Wo bin ich? Ach ja, in Berlin. Hier kenne ich jede Ecke, jede Bank, jeden Bahnhof. Die U-Bahn kommt.

Ich steige ein. Der Zug fährt und fährt. Es wird dunkel. Wie viele Stunden fahren wir schon? Drei, fünf, sieben, neun, die ganze Nacht? Keine Ahnung!

Endlich wird es hell. Ich rufe: „Halt! Ich will aussteigen." Aber der Zug hält nicht. Endlich sind wir da.

Aber das ist doch nicht Berlin! Das ist Amerika. Sonderbar! Gestern war ich noch in Berlin, heute bin ich in New York. Das ist ja wie im Film!

Zwei Männer warten auf mich. Sie sehen gefährlich aus. Der eine fragt mich: „Wo ist Ihr Pass?"

Ich habe keinen Pass.

„Wir wissen alles", sagt der andere. „Sie heißen Zapanopoulos. Sie sind ein Spion. Wo haben Sie das Geld?"

„Ihr seid ja verrückt!", rufe ich und laufe davon. Wer sind die beiden? Ist das die Polizei, ist es die Mafia?

Auf der Straße finde ich ein Taxi. Ich sage: „Zur Fifth Avenue, schnell!"

Plötzlich habe ich einen Koffer. Er ist enorm schwer und groß.

Aber woher kommt er? Ich stehle nie. Ich bin doch nicht kriminell! Aber ich weiß: Diesen Koffer habe ich gestohlen ...

Das Taxi hält, ich steige aus. Da sind sie wieder, die beiden Männer.

Ich laufe um die Ecke, durch eine Tür. Die beiden Männer rufen: „Halt!"

Warum ist mein Koffer so schwer? Sicher ist er voll Geld. Tausend Dollar, zehntausend Dollar, eine Million. Alles für Zaza!

Ich laufe und laufe. Ich komme durch einen Korridor. Das Licht geht aus. Ich bin ganz allein, ohne Gröger, ohne Pass. Hilfe! Der Korridor ist dunkel. Vorhin war mein Koffer schwer, jetzt ist er leicht.

Ich habe das Geld verloren. Ich bin ein Idiot.

Ich suche den Aufzug. Hier in New York hat jedes Haus einen Aufzug. Da ist er! Endlich! Ich schlage gegen die Tür. Sie geht auf, und wen sehe ich?

Das ist doch Zaza! Wie blond sie ist!

„Zaza", rufe ich, „entschuldigen Sie, ich komme ohne Geld, der Koffer ist leer, die Million ist weg, aber ich liebe Sie!"

Natürlich weiß sie nicht, wer ich bin, sie kennt mich nicht, sie sagt kein Wort. Vielleicht schläft sie?

Der Aufzug fährt jetzt sehr schnell. Ich habe Angst. „Zaza", sage ich, „bitte! Warum sagen Sie nichts?"

Wie klein sie aussieht! Wie ein Kind. Ich fasse sie an. Sie ist ganz kalt. Verdammt! Das ist nicht Zaza, das ist eine Puppe.

Der Aufzug hält, ich steige aus. Wo bin ich? Das ist das Dach. Ich laufe, ich falle, ich wache auf.

Teil 1

Armer Schlock! Er hat geträumt. Um halb zwei ist er aufgewacht. Im Nebenzimmer war noch Licht. Dort hat Gröger bis jetzt gearbeitet. Aber Schlock hat gedacht: Vorsicht! So einen Traum versteht nicht jeder. Einem Mann wie Gröger kann man nicht alles erzählen. Er denkt vielleicht, ich bin verrückt. Also hat er ihm nichts gesagt.

Dann ist Schlock wieder eingeschlafen. Gröger hat bis drei Uhr früh geschrieben. Wenn man ihn so sitzen sieht, denkt man: armer Gröger!

Teil 2

```
Bericht Nr. 3

Bis jetzt ist die Operation gut gelaufen. Es hat keine Probleme
gegeben. Wir haben natürlich nicht gewusst, wo Zaza wohnt, aber
wir haben sie gefunden. Sie wohnt wirklich in Berlin (Welserstraße Nr.3,
Türschild: Z Import-Export, Zapanopoulos).
Wir haben einen ganzen Tag lang gewartet. Dann haben wir ihre Tür
geöffnet. Jetzt wissen wir alles. Ich habe ihre Post gestohlen. (Ich bin
dabei sehr vorsichtig gewesen.)
Diese Briefe sind sehr interessant. Z. arbeitet für eine amerikanische
Firma, die Mystery Corporation in New York (CIA oder Mafia?). Ihr
Kontaktmann in Berlin heißt „der Joker". Wir wissen alles über ihn. Wir
sind auch nach Warschau gefahren. Dort macht die Mystery Corporation
große Geschäfte. Es geht um Millionen.
Z. hat mysteriöse Pakete nach Warschau gebracht.
Wir kontrollieren auch ihr Telefon. Wir kennen alle ihre Kontaktmänner in
Warschau und haben ihre Autonummern.
Warum kommen Sie nicht nach Berlin? Warum rufen Sie nicht an? Für Sie ist
das doch kein Problem! Aber für uns sieht die Sache anders aus. Ohne
Geld, ohne Auto, ohne Kontakte haben wir gegen diese Leute keine Chance.

Gröger
```

Es ist schon halb elf. Sind Gröger und Schlock immer noch nicht aufgestanden?

Doch, doch. Sie frühstücken.

„Das Brot hier in Berlin schmeckt mir nicht", sagt Gröger.

Schlock sagt gar nichts. Er isst einfach weiter.

„Dieses Ei hat zu lange gekocht", sagt Gröger.

Schlock sagt gar nichts.

„Geben Sie mir noch eine Tasse Kaffee", sagt Gröger.

„Tut mir leid, es ist keiner mehr da."

„So? Das ist ja wieder mal typisch! Immer gibt es zu wenig Kaffee."

„Mein lieber Gröger, jetzt hören Sie mir mal gut zu. Ich mache jeden Tag Kaffee. Ich habe Ihnen Ihr Ei gekocht. Und was habe ich davon? Dankt mir Herr Gröger vielleicht für meine Mühe? Oh nein! Das Essen schmeckt ihm nicht. Meine Küche ist ihm nicht gut genug. Er ruft: Bringen Sie mir Kaffee! Sie glauben wohl, einem Idioten wie Schlock macht das Kaffeekochen Spaß? Aber Sie sind nicht mein Chef, Gröger, und ich bin nicht Ihr Kellner."

„Aber mein lieber Schlock, was haben Sie denn? Ich verstehe gar nicht, was Sie wollen. Haben Sie schlecht geträumt?"

„Ach, das verstehen Sie nicht? Dann will ich es Ihnen erklären. Hier gibt es nur einen Chef, und das ist die Chefin. Ist das klar? Ich schreibe ihr jetzt. Sicher wartet sie schon auf unseren Bericht."

„Nicht nötig, mein Lieber. Ich habe ihr schon geschrieben."

„So? Wann denn?"

„Heute nacht."

„Und warum haben Sie mir Ihren Brief nicht gezeigt?"

„Ach was, Schlock! Hören Sie auf! Das ist doch nicht so schlimm."

„Doch. Ich habe genug von Ihrer Arroganz."

„Vielleicht haben Sie Recht. Vielleicht habe ich zu wenig geschlafen. Entschuldigen Sie! Geben Sie mir noch eine Chance."

„Also gut. Wir wollen es noch einmal versuchen", sagt Schlock.

Gröger bringt ihm alles, was er haben will, Brot, Kaffee, Eier.

„Ich danke Ihnen, lieber Gröger. So ist es schon viel besser!"

„Nein, heute tun wir nichts", sagen Gröger und Schlock. Sie haben lange geschlafen.

Warum ist es draußen so still? Es hat geschneit. Es schneit immer weiter. Jetzt sind es schon vierzig, sechzig, achtzig Zentimeter.

Die ganze Stadt ist weiß. Man sieht keine Leute, kein Auto fährt, kein Postbote kommt mehr.

Schlock hat das Fenster geöffnet. Er sagt: „Die Kinder sind wieder da."

„Schlick, Schlack, Schlock", rufen die Kinder. „Komm runter!"

„Los", sagt Schlock. „Gehen wir raus!"

Aber Gröger hat keine Lust. Die Kinder sind ihm zu laut.

„Unsinn", sagt Schlock. Er bringt ihm seine Handschuhe und seinen Mantel.

Draußen schaufeln die Kinder den Schnee weg.

„Sonderbar", sagt Gröger, „wie lieb sie heute sind."

„Kann ich mal eine Schaufel haben?", fragt Schlock. „Dann zeige ich euch, wie man einen Schneemann baut."

„Ich gebe dir meine Schaufel, wenn du mir deinen Hut gibst", antwortet ihm ein Kind.

„Das ist ein schlechtes Geschäft", sagt Schlock.

„Wie du mir, so ich dir", sagt das Kind und nimmt den Hut.

Endlich ist der Schneemann fertig. Der Hut passt ihm. Gröger raucht eine Zigarre.

„Gefällt er euch?", fragt er die Kinder.

„Ja", rufen sie, „aber jetzt fehlt ihm noch die Nase. Schenkst du uns deine Zigarre?"

„Nein", sagt Gröger. „Zigarren sind nichts für Kinder."

Sie erklären ihm, wie man einem Schneemann eine Nase macht.

Gröger lächelt. Er hat noch nie einen Schneemann gesehen, der durch die Nase raucht.

„Er sieht aus wie du", rufen die Kinder.

Gröger und Schlock haben ihre Chefin ganz vergessen. Der Professor und sein Geld sind ihnen egal.

Und Zaza? Ach ja, Zaza ist wunderbar, aber heute denkt Schlock nicht an sie. Heute ist ihm sein Schneemann lieber. Heute sind die beiden nicht nervös, heute sind sie einfach glücklich.

Teil 1

Immer neue Probleme! Das ist ja zum Verrücktwerden! Jetzt ist bei den beiden Herren die Heizung kaputt. Sie haben ihre Wintermäntel angezogen.

„Da kann man nichts machen", sagt Schlock nach dem Essen.

„Doch", sagt Gröger. „Verreisen. Raus aus Berlin. Ich will nach Teneriffa. Dort ist es warm."

„Aber das geht nicht. Wir können hier nicht weg. Geben Sie mir noch ein bisschen Tee?"

„Mit oder ohne Zucker?"

„Mit. Und einen Löffel, bitte."

„Hören Sie, lieber Schlock, warum müssen wir uns eigentlich immer siezen? Wir arbeiten jetzt seit einem Monat zusammen. Oder bin ich Ihnen unsympathisch?"

Schlock sagt kein Wort.

„Also, wollen wir uns duzen?"

„Lieber nicht. Das ist mir zu kompliziert."

„Das ist doch ganz einfach. Ich sage du zu Ihnen, und Sie sagen du zu mir."

„Wenn es sein muss", sagt Schlock.

„Wunderbar", ruft Gröger. „Also, dann gehst du jetzt bitte zum Hausmeister und erklärst ihm unser Problem."

„Wenn es sein muss", sagt Schlock. „Kannst du mir zwanzig Mark geben? In ganz Berlin gibt es keinen Hausmeister, der ohne Geld arbeitet."

Gröger nimmt die zwanzig Mark aus seiner Manteltasche und gibt sie ihm. „Aber sag dem Mann, es muss schnell gehen. Worauf wartest du noch?"

„Immer ich", sagt Schlock.

Teil 2

Was Gröger denkt:

Ich kenne Schlock! Sicher ist er wieder mit dem Taxi zur Welserstraße gefahren. Das ist typisch für ihn. Er geht nicht gern spazieren. Er fährt nicht gern mit der U-Bahn. Er ist faul.

Ich sitze hier und arbeite. Ich muss doch meinen Bericht an die Chefin schreiben. Das ist nicht leicht. Bis jetzt wissen wir ja nicht einmal, wer wer ist.

„Dann müssen wir eben etwas erfinden", sagt Schlock. „Die Firma", sagt er, „kann das doch gar nicht kontrollieren."

Ich will aber nicht lügen.

„Du willst nicht, aber du musst", hat Schlock gesagt.

Es kann sein, dass er Recht hat. Eigentlich interessiert er sich nicht für die Arbeit, sondern nur für Zaza. Er ist leider schrecklich unvorsichtig. Hoffentlich hat er sein Fernglas mitgenommen! Ohne Fernglas kann man einer Person nicht nachspionieren. Wenn sie ihn sieht, sind wir verloren. Aber er ist ja so naiv! Vielleicht hat er heimlich mit ihr gesprochen. Wahrscheinlich sitzt er schon bei ihr und trinkt Tee. Und was er dann mit ihr macht, daran will ich gar nicht denken. Eine Liebesgeschichte – das hat uns noch gefehlt!

Schlock kommt erst um Mitternacht zurück. Gröger ist schon ganz nervös. Er will wissen, was Zaza gemacht hat.

„Sie ist erst spät am Abend nach Hause gekommen."

„Und dann?"

„Nichts. Gar nichts. Ich habe mit dem Fernglas in der Hand unten auf der Straße gestanden und habe gewartet."

„Hast du sie sehen können?"

„Nein, es war zu dunkel in der Wohnung. Ich warte und warte. Endlich macht sie Licht. Zum Glück steht sie am Fenster, direkt über mir."

„Allein?"

„Ja, zuerst schon, aber dann ... Sie geht aus dem Zimmer, kommt wieder und hinter ihr her dieser Professor. Ich habe herausgefunden, wie er heißt: Helmut Schmidt. Er ist ihr Nachbar, er wohnt neben ihr, links, im zweiten Stock. Ich kann dir gar nicht sagen, wie unangenehm mir der Kerl ist."

„Dem gefällt sie wahrscheinlich auch. Nicht nur dir."

„Das ist es ja! Sie steht also rechts neben ihm am Fenster, sie fragt ihn etwas, sie lacht. Plötzlich zieht er die Jacke aus, dann die Schuhe. Die beiden gehen ins Schlafzimmer."

„Aha."

„Er steht vor ihr. Ich sehe, wie er ihr etwas zeigt."

„Etwas Kleines?"

„Ich war zu weit weg. Ich habe nicht genau sehen können, was er in der Hand hatte. Ich glaube, es war rund und nicht besonders groß. Aber das ist noch nicht alles!"

„Ja, das habe ich mir fast gedacht."

„Der Professor nimmt einen Stuhl und stellt ihn auf den Tisch. Erst steigt er auf den Tisch, dann auf den Stuhl, der auf dem Tisch steht."

„Na und? Weiter!"

„In diesem Moment geht das Licht aus. Es vergehen ein paar Minuten. Dann geht das Licht wieder an. Der Professor steht ganz oben auf dem Stuhl, der auf dem Tisch steht, direkt unter der Lampe. Das ist alles. Dann ist er endlich gegangen. Zaza hat noch einen Moment lang am Fenster gestanden. Sie hat gelächelt. Für mich ist und bleibt sie Zaza."

Folge 14

„Herr Professor Schmidt hat die Lampe von Frau Z. repariert." Nein, das geht einfach nicht. Mit solchen Informationen darf man der Chefin nicht kommen. Gröger weiß nicht, was er tun soll.

„Ich sehe nicht ein, warum du immer zu Hause sitzen musst, und ich soll mit meinem Fernglas auf der Straße stehen. Noch dazu am Wochenende! Lassen wir es doch einfach bleiben! Ich möchte endlich einmal essen gehen. Ich kenne ein Restaurant am Kurfürstendamm, das sehr gut sein soll. Kommst du mit?"

„Das geht nicht", sagt Gröger. „Das dürfen wir nicht machen. Außerdem, mein lieber Schlock, ist das eine Geldfrage. Leider zahlt die Firma schlecht. Das ist auch kein Wunder. Ich schicke der Chefin eine Lüge nach der andern, und dafür soll sie zahlen?"

„Natürlich soll sie zahlen! Kennst du einen Autor, der nicht lügt? Das ist doch das Schöne am Schreiben. Du musst an unsere Leser denken. Die sollen auch ihren Spaß haben. Phantasie ist teuer und Romane kosten Geld. Also, gehen wir?"

Folge 15

Natürlich möchte ich Deutsch lernen. Das ist klar. Aber diese Präpositionen mag ich nicht. Die sind schrecklich. Bei denen kann man nie wissen, was richtig und was falsch ist.

Ich zum Beispiel laufe gern. Es gibt auch einen Park in der Nähe. Aber soll ich jetzt in den Park oder im Park oder durch den Park oder aus dem Park laufen? Keine Ahnung. Das lerne ich nie! Lieber bleibe ich gleich zu Hause.

Oder denken Sie mal an den armen Schlock. Er sieht durch sein Fernglas den Professor, wie der seine Schuhe neben die Tür stellt. Jetzt glauben Sie natürlich, die Schuhe stehen neben die Tür. Falsch! Sie stehen nicht neben die, sondern neben der Tür. Und das ist noch lange nicht alles! Es kommt noch viel schlimmer.

Denn jetzt stellt der Professor den Stuhl auf den Tisch. Und was passiert? Jeder normale Mensch – und ich bin eigentlich ganz normal — muss denken: Nun steht der Stuhl auf den Tisch. Aber nein! So einfach macht man es den Ausländern nicht. Auf Deutsch muss es heißen: Der Stuhl steht auf dem Tisch. Und wohin stellt der Kerl den Stuhl? Unter die Lampe. Und wo findet man dann diesen Stuhl? Hören Sie gut zu! Man findet ihn unter der Lampe. Und so weiter!

Ich danke. Kein Wunder, dass Schlock und Gröger so nervös sind. Eigentlich geht es denen genau wie mir. Die haben Probleme mit Zaza und mit ihrer Chefin, und ich habe Probleme mit den Präpositionen.

Teil 1

„Bringen Sie uns eine Flasche Champagner", ruft Schlock.

„Und was möchten die Herren essen?", fragt der Kellner. „Darf es etwas Kaviar sein? Oder Gänseleberpastete? Unsere Pastete ist die beste von Berlin."

„Moment mal", sagt Gröger, „wie viel Geld haben wir noch?"

„Fast fünfhundert Mark", antwortet Schlock. „Das ist aber nicht unser Geld. Es ist das Geld der Firma."

„Das Geld *unserer* Firma, mein Lieber, und das Geld unserer Firma ist unser Geld. Das ist doch logisch. Außerdem, am Ende des Monats kommt wieder was rein."

Gröger ist wütend über den Leichtsinn seines Freundes. Das Gesicht des Kellners gefällt ihm nicht. Die Preise dieses Restaurants findet er astronomisch. Aber was kann er machen? Schlock isst und isst. Er lässt alles kommen, was gut und teuer ist.

Teil 2

Beim Kaffee sagt er zu Gröger: „Weißt du, wer da drüben sitzt?"

„Wer soll denn da sitzen?"

„Zaza. Am Fenster."

„Du hast recht! Aber wer ist der Mensch an ihrem Tisch?"

„Keine Ahnung. Vielleicht der Joker."

„Du, sie stehen auf und gehen."

„Sollen wir ihnen folgen?"

„Ich denke nicht daran, lieber Schlock. Das ist doch die Frau *deiner* Träume. Mit der musst du schon allein fertig werden. Ober, zahlen!"

„Augenblick", sagt Schlock. „Ich möchte mir ihren Tisch ansehen. Ich habe da so eine Ahnung."

Tatsächlich! Zaza hat ihre Handtasche liegen lassen.

„Glück muss der Mensch haben", sagt Schlock. Er nimmt die Tasche einfach mit.

„Wer ist hier kriminell?", fragt ihn Gröger. „Du oder ich?"

Draußen will er die Tasche sehen.

„Nein", ruft Schlock. „Die habe ich gefunden. Außerdem, mit dieser Dame muss ich allein fertig werden. Das hast du doch vor einer Minute selbst gesagt."

Vor dem Restaurant fanden die beiden eine Telefonzelle. Dort wollten sie Zazas Handtasche untersuchen. Aber dazu kamen sie nicht. Plötzlich stand der Kellner aus dem Restaurant vor ihnen.

„Verdammt", sagte Gröger leise, „der Kerl hat gesehen, wie du Zazas Tasche mitgenommen hast."

„Es tut mir Leid, meine Herren", erklärte der Kellner, „aber Sie müssen mit mir kommen."

„Wieso denn? Das kommt gar nicht in Frage!", rief Gröger wütend.

„Und wem gehört die Tasche hier, wenn ich fragen darf?", sagte der andere.

„Natürlich geben wir sie sofort zurück. Ich kenne die Dame, der sie gehört", antwortete Schlock.

„Das ist meine Sache. Bitte folgen Sie mir!"

Was sollten die beiden machen? Sie mussten mitgehen.

Der Kellner brachte sie in das Nebenzimmer des Restaurants. Der Raum war dunkel. Im Licht einer Billardlampe erkannten Schlock und Gröger einen Spieltisch.

Der Kellner nahm ihnen die Tasche ab. Gröger wollte schon die Polizei rufen.

„Aber meine Herren, ich bitte Sie!", sagte der Kellner. „Wir wollen doch nichts mit der Polizei zu tun haben, oder?"

„Warum nicht?", fragte Gröger.

„Sie müssen vorsichtig sein."

„Sie auch. Sie haben einen Spieltisch im Nebenzimmer. Das sieht die Polizei nicht gern."

„Aber ich stehle keine Handtaschen", sagte der Kellner. Er lächelte. Sein Lächeln war ziemlich unangenehm. Dann leerte er die Tasche aus.

Was die drei Männer vor allem interessierte, war Zazas Pass. Der Kellner öffnete ihn und las:

„Zazia Zapanopoulos, geboren 1967 in Rio de Janeiro."

„Aha!", rief Schlock leise. „Brasilien."

„Wahrscheinlich falsch, dieser Pass", sagte der Kellner.

„Wie kommen Sie auf diese Idee?", wollte Gröger wissen.

„Ach, das sieht man doch", antwortete der andere. „Was haben wir sonst noch? Make-up, Kreditkarte, Schlüssel. Ein Flugticket Berlin–Frankfurt. Das dachte ich mir!"

„Kennen Sie Zaza?", fragte Schlock.

Der Kellner lächelte nur. „Dreihundert, vierhundert, sechshundert Mark. Und was ist das?"

Auf einem Stück Papier stand, mit dem Computer geschrieben:

Helmut Schmidt, Welserstraße 3, D-1000 Berlin 62 (Professor)
Helmut Schmidt, Kopenhagener Straße 14, D-1071 Berlin (Foto)
Helmut Schmidt, Ul. Swietokrzyska 18, PL-00 52 Warszawa (Foto?)
Helmut Schmidt, Baumweg 16, 6 Frankfurt am Main (Augenarzt)
Helmut Schmidt, Mozartgasse 55, A-4020 Linz
Helmut Schmidt, Münzplatz 4, CH-8022 Zürich

„Sie möchten sicher wissen, was das heißen soll? Nicht wahr, meine Herren?", sagte der Kellner.

„Aber kommen wir zur Sache! Die Tasche bleibt natürlich hier. Doch was soll ich mit Ihnen machen?"

Er dachte nach. „Also gut, Sie dürfen nach Hause gehen. Aber ich möchte Sie doch um ein kleines Trinkgeld bitten. Sagen wir: zweihundert Mark." Gröger wollte nicht zahlen. Aber Schlock hatte die Geschichte satt und sagte: „Ich möchte jetzt endlich nach Hause gehen und schlafen. Geben wir ihm das Geld."

„Nur, wenn er mir seinen Namen sagt", antwortete Gröger.

„Charlie", sagte der Kellner. „Sehr angenehm."

„Jetzt wird mir manches klar!", rief Gröger.

Nun wussten die beiden wenigstens, wie Zaza wirklich hieß.

Nur, wie sollten sie ihr nach Frankfurt folgen, ohne einen Pfennig Geld in der Tasche? Das wussten sie nicht.

Teil 1

Denken wir uns zwei Herren in einer Berliner Wohnung! Es ist früh am Tag. Der eine Herr rasiert sich, der andere wäscht sich gerade die Hände.

Wir fragen uns: Was haben die beiden nur? Warum sehen sie so traurig aus?

Wir können zwar nicht hören, was sie sagen, aber wir glauben kaum, dass sie sich freuen. Wir stellen uns vor, wie sie miteinander reden. Der eine sagt: „Ich fürchte, wir haben kein Glück."

Und der andere antwortet wahrscheinlich: „Unsere Situation ist schrecklich unangenehm." Oder er sagt einfach: „Schade." Oder sogar: „Es ist alles aus! Zu Ende! Vorbei!"

Wer weniger zivilisiert ist, ruft in solchen Fällen meistens: „Verdammte Scheiße!" Aber unsere beiden Herren rufen nie „Scheiße!"

Einer von ihnen öffnet jetzt das Fenster. Wir denken: Gleich ruft er „Hilfe!" Aber nein! Er schaut nur hinaus und sagt kein Wort.

Wie höflich sie sind, wie nett, unsere beiden Herren! Sie tun uns wirklich Leid.

In solchen Augenblicken sagen sich die meisten Leute: Das geht mich nichts an. Den meisten Leuten ist es ganz egal, ob sich zwei fremde Herren Sorgen machen, ob sie sich freuen oder ob sie sich ärgern. Die meisten Leute interessieren sich eben nicht für die meisten Leute. Wir dagegen sind ebenso nett und ebenso höflich und ebenso zivilisiert wie die beiden Herren da oben in ihrer Berliner Wohnung, und deshalb tun sie uns Leid.

Teil 2

Genau in diesem Augenblick klingelte es an der Tür. Schlock zog sich rasch ein Hemd an und machte auf. Vor ihm stand ein fremder Mann. „Guten Morgen, Herr Schlock", sagte der Besucher. Schlock wunderte sich, denn der Mann trug nicht nur einen komischen Hut, er war auch unglaublich klein, ungefähr so groß wie ein Kühlschrank.

„Wir kennen uns nicht", sagte der Besucher, „aber ich glaube, wir sollten nicht gegeneinander, sondern miteinander arbeiten."

„So?", sagte Gröger. „Und wer sind Sie, wenn ich fragen darf?"

„Ich bin der Joker", sagte der Joker. „Sie, meine Herren, müssen heute nach Frankfurt fliegen, aber Sie können sich kein Ticket leisten, weil die Chefin nicht zahlt. Die Chefin zahlt nicht, weil sie sich über Sie geärgert hat. Sie hat sich geärgert, weil Sie sich nur für Zaza interessieren und nicht für Ihre Arbeit. Sie interessieren sich für Zaza, weil Sie Zaza wunderbar finden."

„Ich nicht", sagte Gröger. „Woher wissen Sie überhaupt ... ?"

„Ich weiß alles", rief der Joker.

„Wenn Sie so gut Bescheid wissen, dann sagen Sie uns bitte, was sich die Chefin eigentlich denkt? Welche Rolle spielt dieser Charlie? Warum interessiert sich Zaza nur für Leute, die Schmidt heißen? Wie erklären Sie sich ihre Reisen nach Warschau? Und wer oder was ist die Mystery Corporation in New York?"

„Die Mystery Corporation? Eine vollkommen normale Firma. Nichts dahinter! Die wollen nur ihre zehn Prozent verdienen, das ist alles. Aber Sie wollen zuviel auf einmal wissen, lieber Herr Gröger. Übrigens ist es Ihre Sache, dieses Durcheinander aufzuklären, nicht wahr? Wie gesagt, ich finde, wir sollten einander helfen. Das Ticket kostet ungefähr fünfhundert Mark, Hin- und Rückflug. Ich habe das Geld dabei. Hier! Das ist im Moment die Hauptsache. Sie müssen sich beeilen. Ihre Maschine nach Frankfurt geht um 10 Uhr 15. Gute Reise!"

Mit diesen Worten setzte sich der Joker seinen komischen Hut auf ging zur Tür und war verschwunden.

„Gott sei Dank!", rief Schlock. Er zählte das Geld. „Das sind ja über tausend Mark! Gröger, wir sind reich."

„Hände weg!", sagte Gröger. „Ich nehme doch kein Geld von fremden Leuten."

„Wieso nicht? Und was heißt hier: fremde Leute? Der Joker, das ist der Mann, der sich mit Zaza in Warschau getroffen hat."

„Mein lieber Schlock, du machst dir Illusionen. Du freust dich zu früh. Dieser Typ ist gefährlich."

„Dieses Männchen soll gefährlich sein? Warum denn?"

„Weil wir seine Pläne nicht kennen. Weil wir nicht einmal wissen, wie er heißt. Und wer beweist dir, dass er wirklich der Joker ist? Nein, mir ist die Sache zu riskant. Wir müssen sofort die Chefin informieren."

„Ach die! Ich glaube, die hat uns längst vergessen! Die lässt uns ja verhungern."

„Es ist nicht unser Geld."

„Dummkopf!"

„Vollidiot!"

„Wenn du so weitermachst, sieze ich dich wieder."

„Ob wir uns siezen oder duzen, ist mir ganz egal."

Schlock und Gröger sahen einander ein paar Minuten lang wütend an. Dann lachte einer von ihnen, stand auf, steckte das Geld ein und sagte: „Ich packe jetzt meine Koffer. Wir müssen zum Flughafen."

Es war natürlich Schlock, der das sagte. Gröger sah unglücklich aus.

„Du willst doch wohl nicht mit diesem Typ zusammenarbeiten?"

„Immer mit der Ruhe, mein Lieber. Der Joker hilft uns, und wir helfen dem Joker. Wir brauchen einander. Das ist doch kein Grund, sich zu streiten. Freuen wir uns lieber! Und außerdem: tausend Mark, lieber Gröger, sind tausend Mark."

„Bist du sicher?", fragte Gröger.

Aber Schlock war schon im Schlafzimmer verschwunden. Er packte lächelnd seine Hemden ein, weil er sich darauf freute, Madame Zapanopoulos, die blonde Zaza, wiederzusehen.

Ein Märchen

Es waren einmal zwei Freunde. Der erste war dick und faul, der zweite war dünn und fleißig. Sie gingen, gingen, gingen, und eines Tages kamen sie in eine große Stadt.

Da sprach der dünne Fleißige zu dem dicken Faulen: „Bruder, was wollen wir hier in dieser fremden Stadt?"
„Wir wollen zum Schloss des Königs gehen. Dort wohnt eine wunderschöne Prinzessin. Komm!", sagte der Dicke zum Dünnen. Und sie gingen, gingen, gingen, bis sie zu einem großen Platz kamen.

„Schau!", sagte der Dicke. „Dort oben, das ist die wunderschöne Prinzessin."

„Was?", rief der Dünne. „Diese traurige Verrückte da oben am offenen Fenster – das soll eine Prinzessin sein? Das nennst du eine wunderschöne Prinzessin? Das ist doch nur eine arme Köchin! Und mit dem königlichen Schloss – das ist wohl nicht dein Ernst? Das ist kein Schloss, das ist ein Zeitungskiosk."

„Dummkopf!", rief da der faule Dicke. „Schau dir diese märchenhafte Frau doch einmal genau an. Siehst du nicht, was sie tut? Sie verwandelt sich in einen blauen Schmetterling und fliegt fort! Ach, sie ist verschwunden. Wir müssen ihr folgen, bis ans Ende der Welt."

„Ausgeschlossen", sagte der andere. „Du kannst deine wunderschöne Prinzessin vergessen."

Da hörten die beiden, der fleißige Dünne und der faule Dicke, eine Stimme, die rief: „Fliegt ihr nach! Wer sucht, der findet. Wer weiß? Vielleicht wartet am Ende der Welt das Glück auf euch."

„Zweimal nach Frankfurt, bitte."

„Sie sind noch nicht an der Reihe, warten Sie bitte, bis Sie an die Reihe kommen."

„Aber es ist schon fünf vor zehn!"

„Tut mir Leid, Sie können nicht mitfliegen. Ihre Maschine geht um 10 Uhr 15. Alle Passagiere müssen mindestens dreißig Minuten vor dem Start am Flughafen sein."

„Aber hier steht doch, dass das Flugzeug verspätet ist. Statt Viertel nach zehn fliegt es erst um drei Viertel zwölf ab."

„Unsere Maschinen sind immer verspätet. Nehmen Sie doch das nächste Flugzeug! Wir haben täglich achtzehn Maschinen nach Frankfurt, wir fliegen stündlich, wenigstens werktags, nur am Samstag und am Sonntag nicht, da sind es nur vierzehn."

„Ich will aber keine andere Maschine nehmen."

„Warum nicht? Vielleicht startet die nächste Maschine sogar früher als die verspätete Maschine."

„Ich möchte mit derselben Maschine fliegen wie Frau Zapanopoulos."

„Und mit welcher Maschine fliegt Frau Zapanopoulos?"

„Mit meiner Maschine."

„Also gut, ich sage Ihnen später Bescheid. Bitte kommen Sie in einer Dreiviertelstunde wieder."

„Mein Gott, was ist denn das für ein Service! Ich habe keine Lust, stundenlang zu warten."

„Hören Sie mal, ich sehe eben, es sind noch zwei Plätze frei, die letzten beiden Plätze auf dieser Maschine. Da haben Sie noch einmal Glück gehabt."

„Vielen Dank."

„Bitte sehr. Gehen Sie bitte sofort zum Einchecken."

„Dieser Flughafen ist eine Katastrophe. Nie wieder!"

„Das sagen alle unsere Passagiere."

Gröger saß in der zweiundzwanzigsten Reihe auf der linken Seite zwischen einer jungen Frau mit einem schreienden Kind und einem schlafenden amerikanischen Touristen. Der Amerikaner legte seinen schweren Kopf auf Grögers rechte Schulter, und das schreiende kleine Kind hielt sich an seiner Hose fest. Aber das war nicht das Schlimmste. Das Schlimmste war: Gröger sah überall bekannte Gesichter. Diese wunderbare Frau in der dritten Reihe vor ihm zum Beispiel sah genau wie Zaza aus, nur hatte sie dunkle Haare und trug eine schwarze Brille. Und dieser kleine, komische Mann links vor ihm am Fenster, war das der Joker oder war es nicht der Joker? Wo hatte er nur seinen Hut? Und Gröger fragte sich, ob der große Herr im roten Pullover in der letzten Reihe nicht vielleicht der Professor war. Nur Schlock, dieser naive Dummkopf, hatte wieder einmal keine Ahnung. Er trank in aller Ruhe seinen Whisky und unterhielt sich lächelnd mit einer alten Dame. Sie sah nett aus, aber vielleicht arbeitete sie auch für die Mafia? Was wollten all diese Leute in Frankfurt?

„In diesem Flugzeug sitzen nur Agenten und Spione", dachte Gröger. Wer war hier der Verfolger, wer war der Verfolgte?

Gröger hatte ganz einfach Angst.

Teil 1

„Was ist denn hier los? Ich glaube, wir sind in einem Film."

„Unsinn. Wir sind auf dem Frankfurter Flughafen."

„Nein, mein lieber Gröger. Das ist kein Flughafen, das ist ein Filmstudio. Überall Lampen, überall Kameras. Und weißt du, wen Sie filmen? Uns!"

„Mein Gott! Das hat uns gerade noch gefehlt. Was machen wir nun?" „Ganz einfach. Alles, was wir sagen, steht im Buch: links das Bild, rechts der Ton. Wir machen genau das, was wir sonst machen. Aber nicht in Wirklichkeit, sondern im Kino. Ich bin nicht mehr *wirklich* Schlock. Ich *spiele* Schlock. Und du spielst Gröger."

„Achtung, meine Herren! Ruhe! Kamera läuft!"

Teil 2

Totale. Schöner Frühlingstag. Nervöse Musik. Gröger und Schlock vor dem Frankfurter Flughafen.

Halbtotale. Viele leere Taxis, eilige Passagiere, darunter auch Zaza und der Professor.

Nah. Schlock und Gröger vor einem Taxi. Offenes Fenster. Sie steigen ein. Taxi von innen.

Schlock zum Taxifahrer: „Sind Sie frei?"
Zu Gröger: „Worauf wartest du noch? Beeil dich! Steig ein!"
Zum Taxifahrer: „Wir sind in großer Eile. Folgen Sie diesem Wagen!"
Gröger: „Welchem Wagen?"
Schlock: „Zazas Wagen natürlich."
Gröger: „Und was ist mit dem Professor? Und mit dem Joker?"
Schlock: „Vergiss den Professor!"
Taxifahrer: „Also, wohin wollen Sie nun?"

Totale. Autobahn. Starker Verkehr.

Schlock: „Verfolgen Sie die blonde Dame da vorn!"

Nah. Taxi von innen.

Schlock: „Fahren Sie schnell. Die Frau fährt uns davon!"
Taxifahrer: „Na, viel Vergnügen! Bei diesem Verkehr!"

Totale. Autobahn. Riskante Verfolgungsfahrt bei Tempo 170.

Nah. Taxi von innen.

Gröger: „Was glaubst du, wohin der Professor gefahren ist?"
Schlock: „Darüber können wir uns später unterhalten. Um den Professor geht es jetzt nicht. Jetzt geht es darum, was Zaza macht."

Totale. Ruhige Landstraße. Das Taxi bleibt auf freiem Feld stehen.

Gröger: Was ist mit Ihrem Wagen los?"
Taxifahrer: „Tut mir Leid. Irgendein Fehler im Kühlsystem, glaube ich. Damit ist unsere Reise zu Ende."

Halbtotale. Der Taxifahrer ist ausgestiegen und sieht sich den Motor an.	Schlock: „Verdammtes Pech! Zazas Taxi ist verschwunden. Was machen wir nun?" Gröger: „Können Sie das Ding nicht reparieren?" Taxifahrer: „Davon verstehe ich nichts." Schlock: „Na, dann gute Nacht!"
Halbnah. Ein zweites Taxi hält neben dem ersten. Lächelnd steigt der Joker aus.	Joker: „Guten Morgen, meine Herren! Nach so kurzer Zeit sieht man sich wieder!"
Nah.	Gröger: „Jetzt verstehe ich gar nichts mehr. Wo kommen Sie denn her? Und wo wollen Sie hin?" Joker: „Reiner Zufall! Darf ich fragen, auf wen Sie warten?" Schlock: „Auf niemand. Wir warten darauf, dass der Fahrer seinen Motor repariert. Er hat Probleme mit seinem Kühlsystem." Joker: „Dabei kann ich ihm leider nicht helfen. Aber wenn ich für Sie etwas tun kann ... mit dem größten Vergnügen!" Schlock: „Die Sache ist die: Wir haben Zaza verloren." Joker: „Ach? Sie wissen nicht, wohin sie fährt?" Gröger: „Natürlich nicht. Woher sollen wir das wissen?"
Totale. Gröger und Schlock steigen mit dem Joker in das zweite Taxi ein. Der erste Fahrer bleibt allein zurück.	Joker: „Ich bringe Sie hin. Steigen Sie ein." Schlock: „Besten Dank."
Halbnah. Elegantes Hotel. Großer Park mit alten Bäumen.	Gröger: „Dieser Laden sieht aber ziemlich teuer aus." Joker: „Zaza hat eben eine Vorliebe für angenehme Hotels." Gröger: „Können wir uns das überhaupt leisten?" Schlock: „Hör auf! Immer denkst du ans Geld. Darauf kommt es jetzt nicht an. Sie darf uns auf keinen Fall sehen. Das ist die Hauptsache." Joker: „Keine Angst! Dafür sorge ich schon. Auf Wiedersehen!"
Totale. Der Joker verschwindet im Hotel. Mit zwei kleinen Koffern in der Hand bleiben Schlock und Gröger vor dem Eingang stehen. Sie sehen ziemlich verloren aus.	

ENDE

Teil 1

Leider, leider hat es schon wieder einmal Streit gegeben zwischen unseren beiden Freunden.
Und das kam so:
Sie hatten sich die Sache mit dem Tonband viel zu einfach vorgestellt. Wenn wir erst einmal im selben Hotel wie Zaza wohnen, dachten sie, dann kann es doch kein Problem sein, ein bisschen hinter ihr her zu spionieren. Man stellt einfach einen Kassettenrecorder in ihr Zimmer. Dann findet man sicher heraus, welche Rolle diese Dame spielt. Gröger hatte so ein Ding in seinem kleinen Koffer mitgebracht. Es war ein ganz besonderer Recorder: Wenn jemand zu sprechen anfing, dann und nur dann schaltete er sich ein. Die beiden waren stolz auf diese Idee. Sie kamen sich vor wie zwei professionelle Agenten. Aber nun, da sie an die Arbeit gehen wollten, zeigten sich die ersten Schwierigkeiten.

Teil 2

„Gib mir mal das Band", hatte Gröger gesagt.
„Was für ein Band?"
„Das Tonband natürlich."
„Ich habe es nicht."
„Was? Du hast es nicht? Aber ohne Bänder können wir die ganze Sache vergessen."
„Ich habe aber keine."
„Verdammte Schlamperei! Du bist und bleibst ein Idiot, Schlock."
Typisch Gröger! Wir kennen ihn ja und wissen, wie leicht er wütend wird. Aber so aufgeregt wie jetzt hat ihn Schlock noch nie gesehen.
„Wahrscheinlich hast du sie in die Tasche gesteckt."
„In welche Tasche?"
„Woher soll ich das wissen? Schau mal in deinem Mantel nach!"
Tatsächlich! Schlock hatte eines der Bänder in seine Manteltasche gesteckt. Ein zweites fand sich unter seinen Toilettensachen.
„Na endlich!", rief Gröger. „Fangen wir an!"

Aber bald hatte sich die nächste Schwierigkeit gezeigt. Sie kannten ja nicht einmal Zazas Zimmernummer!
„Wenn es sonst nichts ist", hatte Gröger gesagt. „Dann rufst du einfach den Portier an und fragst ihn, wo sie wohnt."
„Immer ich!"
„Na schön, wenn du zu ängstlich bist, dann mache ich es."
Fünf Minuten später standen sie vor Zazas Tür. Gröger hatte seine Kreditkarte mitgebracht. Er trug sie immer bei sich, obwohl er gar kein Geld auf seinem Konto hatte.
„Damit willst du die Tür öffnen?", fragte Schlock.
„Selbstverständlich", antwortete Gröger. Er hatte diesen Trick in irgendeinem Spionagefilm gesehen. Aber die Tür ging nicht auf.
„Tja"; sagte Schlock, „das ist eben der Unterschied zwischen Kino und Wirklichkeit."

Nach diesem Experiment hatte sich Gröger ins Bett gelegt, und Schlock war spazieren gegangen.
Als er nach einer Viertelstunde wiederkam, war er völlig verwandelt.
Er hatte Zaza am Swimmingpool des Hotels gefunden, im Gespräch mit dem Professor.
„Das ist unsere letzte Chance!", rief er. „Wir stellen den Kassettenrecorder unter ihren Liegestuhl."
„Und wenn sie uns sieht?"
„Wir warten, bis die beiden ins Wasser gehen. Wenn sie schwimmen, merken sie nichts. Und wenn alle zum Abendessen gegangen sind, wenn der Swimmingpool leer ist, holen wir das Ding ab. Dann hören wir uns in aller Ruhe an, worüber die beiden gesprochen haben."
„Na ja", sagte Gröger, „wenn du meinst ..."

Teil 1

Alles ging gut. Nur eine Kleinigkeit hatten Schlock und Gröger vergessen: das Wasser.

Zaza hatte ihren Liegestuhl direkt an den Rand des Swimmingpools gestellt.

Als die beiden Spione wieder in ihr Zimmer zurückgekehrt waren, schaltete Gröger den Kassettenrecorder ein.

Nach einer halben Minute sagte Schlock:

„Was ist nur mit diesem Band los? Was sind das für schreckliche Geräusche?"

Alle paar Sekunden hörte man auf dem Tonband ein merkwürdiges Klatschen.

„Das hört sich an wie ein Hurrikan", rief Gröger.

„Richtig!", sagte Schlock. „Jedes Mal, wenn jemand ins Wasser springt oder vorbeischwimmt, versteht man sein eigenes Wort nicht mehr. Dieser Kassettenrecorder ist wirklich erstklassig. Er nimmt jedes Geräusch auf."

Nur dann und wann konnten die beiden ein paar Wörter verstehen.

Teil 2

STIMME DES PROFESSORS: Nehmen Sie noch einen Whisky?

ZAZAS STIMME: Ja. Mit etwas Wasser, bitte, und mit ein wenig Eis. Also, wie gesagt, wir waren damals ... (Wassergeräusche)

DER PROFESSOR: In welchem Jahr war das?

ZAZA: Das muss 1975 gewesen sein, im Sommer. Ende August, glaube ich.

DER PROFESSOR: Aber er kann doch nicht einfach ... (lautes Klatschen)

ZAZA: Für einen Fremden, für einen Emigranten, war das gar nicht so leicht. Die Reichen hatten natürlich keine Probleme, aber ein kleiner Angestellter wie mein Vater ... Wir hatten ja in Rio keine Verwandten, und mit den Brasilianern hatten wir kaum Kontakt. Es gab zwar viele Deutsche in der Stadt, aber gute Bekannte hatten wir nicht unter ihnen. Wissen Sie, die Deutschen im Ausland sind ja oft so komisch ... (Kleiner Hurrikan im Swimmingpool.) Ja, und dann war er eines Tages einfach verschwunden.

DER PROFESSOR: Das ist doch unmöglich!

ZAZA: Doch. Ah, da kommt ja endlich mein Whisky. Noch etwas mehr Eis, bitte. Ja, danke. Ja, und nun zu Ihnen. Seit wann lebten Sie in Brasilien?

DER PROFESSOR: Seit 1954.

ZAZA: Und wie lange haben Sie in Rio gewohnt?

DER PROFESSOR: Bis Mitte der siebziger Jahre.

ZAZA: Halt! Moment mal! Wenn Sie ... (Lautes Klatschen im Wasser. Ein paar Minuten ist kein Wort zu verstehen.)

ZAZA: Das wundert mich nicht. Meine Schwester, das heißt, die Tochter meiner Mutter, hat ja auch einen Ausländer geheiratet, einen Franzosen.

DER PROFESSOR: Und Sie? Ihr Mann war doch Grieche, nicht wahr?

ZAZA: Das geht Sie gar nichts an.

DER PROFESSOR: Wirklich nicht?

ZAZA: Nein. Gehen wir lieber schwimmen!

(Neue Wassergeräusche. Das Band schaltet sich aus.)

Kurzbericht über eine Diskussion zwischen Herrn Gröger und Herrn Schlock.
Datum: Freitag, 27. Mai. Uhrzeit: 18.15 bis 18.45.
Ort: Zimmer Nr. 321

Die beiden Herren fanden es schade, dass sie bei ihrem Experiment mit dem
Tonband einige kleine Fehler gemacht hatten.
Herr Schlock hatte den Eindruck, dass der Professor in Zaza verliebt war.
Daraufhin erklärte Herr Gröger wörtlich: „Es ist doch Jacke wie Hose, ob
die beiden miteinander ins Bett gegangen sind oder nicht."
Auch interessierte es Herrn Gröger, wie er sagte, nicht, mit wem sich
Zaza verheiratet hatte, mit einem Griechen, einem Japaner oder einem
Franzosen. Herr Gröger wollte von Herrn Schlock wissen, wozu
Herr Schlock das wissen wollte.
Herr Schlock war der Meinung, dass sich Herr Gröger unmöglich benahm.
„Das sehe ich anders", sagte Herr Gröger. „Für solche idiotischen
Familiengeschichten ist mir meine Zeit zu schade."
Darauf antwortete Herr Schlock: „Im Gegenteil! Es ist sehr wichtig, dass
wir uns darüber Gedanken machen." Er stellte die Frage, warum Zazas
Eltern nach Rio de Janeiro emigriert waren. Es wunderte ihn, dass sie
dort keine guten Bekannten gefunden hatten. Vor allem aber fand er es
traurig, dass Zazas Vater verschwunden war.
Herr Gröger wollte wissen, wie Herr Schlock auf die Idee kam, dass Zazas
Vater in Rio de Janeiro verschwunden war.
Herr Schlock bedauerte, dass Herr Gröger an die Möglichkeit, dass es
Zazas Vater war, der in Rio verschwand, überhaupt nicht gedacht hatte.
Herr Gröger hatte nach wie vor keine Lust, über diese Möglichkeit nach-
zudenken.
Für Herrn Schlock dagegen war es klar, dass hier irgendetwas nicht
stimmte: „Warum?" – so Herr Schlock – „Warum hat Zaza zu dem Professor
gesagt: Meine Schwester, das heißt, die Tochter meiner Mutter?" Er,
Herr Schlock, fragte sich, wo da der Unterschied war, ja ob es einen sol-
chen Unterschied überhaupt gab.
Herr Gröger antwortete mit der Gegenfrage, ob Herr Schlock nun endgültig
verrückt geworden war.
Herr Schlock glaubte das nicht.
Die beiden Herren waren sich jedoch am Ende darüber einig, dass die
Unterhaltung auf dem Tonband einen ziemlich geheimnisvollen Eindruck
machte.

Teil 1

Ach, unsere beiden Helden waren müde. Gröger lag rauchend auf dem Bett, und Schlock wollte gerade seine Tonbänder einpacken, als jemand laut an die Zimmertür klopfte.

„Herein!", riefen die beiden wie aus einem Mund.

Es war Zaza. Diesmal war sie so blond wie nie zuvor, und ihr Lächeln war wunderbar.

Schlock versuchte, die Kassette, die er in der Hand hatte, unter dem Telefonbuch zu verstecken. Er war sprachlos vor Freude und vor Überraschung.

„Darf ich mal sehen, was Sie da haben?", fragte Zaza. „Ah! Ein Tonband! Das ist aber gar nicht nett von Ihnen, mein lieber Herr Schlock. Erst legen Sie mir Ihre kleine Maschine unter den Liegestuhl, und nun wollen Sie Versteck mit mir spielen."

„Entschuldigen Sie ... Ich wusste nicht ... Woher kennen Sie eigentlich meinen Namen?"

„Aber ich bitte Sie, das ist doch kein Wunder. Natürlich habe ich gemerkt, dass Sie sich für mich interessieren, Sie und Ihr Herr Kollege."

Gröger war aufgestanden. Auch er war völlig überrascht und wusste nicht, was er sagen sollte.

„Sie sind mir schon vor einem halben Jahr aufgefallen", erzählte Zaza, immer noch lächelnd, „damals, im Herbst, in der U-Bahn. Zwei Menschen, die sich so sonderbar benehmen, vergisst man nicht. Besonders dann nicht, wenn sie einem von früh bis spät hinterherlaufen. Ich muss sagen, ich fand das recht amüsant. Erinnern Sie sich noch daran, wie Sie mit Ihrem Kollegen bei Charlie zu Abend aßen, Herr Schlock? Als ich ging, ließ ich meine Handtasche liegen. Ich glaube, Sie haben sie gefunden und meinem Freund Charlie zurückgegeben, nicht wahr? Das war sehr nett von Ihnen. Vielen Dank!"

„Sie haben also von Anfang an gewusst, dass wir hinter Ihnen her waren", sagte Gröger. „Warum haben Sie dann nicht die Polizei gerufen?"

„Ach, wissen Sie", antwortete Zaza, „ich finde Polizisten nicht besonders amüsant. Warum haben Sie mich eigentlich nie angesprochen, Herr Schlock? Das habe ich mich oft gefragt, wenn Sie wieder einmal vor meiner Haustür standen. War Ihnen nicht kalt?"

„Ich habe es ihm verboten", rief Gröger.

„Verboten? Na so was!" sagte Zaza. „Einmal stand ich mit meinem Nachbarn, dem Professor, am Fenster. Wir haben uns gewundert, dass Sie mit einem Fernglas gekommen waren, Herr Schlock. Warum haben Sie nicht einfach an meiner Tür geklingelt?"

„Auf diese Weise kommt man nie zu den richtigen Informationen", sagte Gröger ärgerlich. „Das ist doch ganz klar."

„Informationen? Was für Informationen?" fragte Zaza. „Was wollten Sie denn wissen?"

„Nun", erklärte Gröger, „es steht fest, dass Sie ziemlich oft nach Warschau gefahren sind."

„Na und?"

„Da macht man sich so seine Gedanken. Und als wir erfuhren, dass Sie mit der Mystery Corporation zusammenarbeiten, da wollten wir natürlich wissen, wie das alles zusammenhängt."

„Sind Sie auch so neugierig, Herr Schlock?", fragte Zaza.

„Bitte, Frau Zapanopoulos, Sie dürfen nicht glauben, dass ich ein indiskreter Mensch bin ..."

„Die meisten Leute haben Schwierigkeiten mit meinem komischen Namen. Bitte nennen Sie mich einfach Zaza."

Schlock wurde rot. „Danke, Zaza", sagte er. „Mit Vergnügen."

Zaza lachte. „Nun, mein lieber Schlock, dann darf ich wohl auch einmal neugierig sein. Sagen Sie mir doch: Wozu wollten Sie das alles wissen? Bin ich wirklich so interessant?"

Gröger rief: „Vorsicht, Schlock! Sag ihr nichts!"

„Aha! Sie haben offenbar auch Ihre Geheimnisse", sagte Zaza. „Das kann ja lustig werden! Wissen Sie was? Ich lade Sie jetzt zu einem schönen Abendessen ein. Der Joker hat bereits einen Tisch für uns bestellt. Sagen wir um acht Uhr, in einer Stunde. Auf Wiedersehen!"

Teil 2

„Schrecklich", bemerkte Gröger, als Zaza gegangen war. „Wenn das die Chefin erfährt, sind wir arbeitslos. Sehr unangenehm! Jedes Mal wenn diese Frau den Mund aufmachte, saßen wir wie zwei Vollidioten da und wussten nicht, was wir ihr antworten sollten."

„Ach, die Chefin!" sagte Schlock. „Die habe ich fast vergessen."

„Natürlich. Gedankenlos wie immer! Das ist typisch für dich. Zaza, Zaza, Zaza, das ist alles, was dich interessiert."

„Ich finde sie wunderbar."

„Hör endlich auf mit deinem *wunderbar!* Menschen wie Zaza sind nicht wunderbar, sondern gefährlich."

„Alles halb so schlimm", sagte Schlock. „Hast du keinen Hunger? Ich meine, jetzt gehen wir erst einmal essen."

Teil 1

Im Restaurant erwartete sie der nächste Schock.

Es war ein großer runder Tisch, an dem sie alle saßen – lauter alte Bekannte: Charlie, der unangenehme Kellner aus Berlin; der Joker, klein und boshaft wie immer; nur der Professor war schon abgereist. Und natürlich Zaza. Das war doch Zaza, diese blonde Frau in der Mitte? Oder war es die andere, die Schwarzhaarige, die ihr gegenübersaß?

Schlock glaubte zu träumen. Eine Zaza – darauf hatte er sich gefreut. Zwei Zazas – das war zuviel für ihn. Zaza, die blonde Zaza, lachte, als sie sein Gesicht sah.

„Oh", rief sie, „ich habe ganz vergessen, Sie mit meiner Schwester bekannt zu machen. Darf ich vorstellen? Herr Schlock, Herr Gröger, Frau Xenia Chevrolet, meine Schwester, das heißt, die Tochter meiner Mutter, ich meine: meine Halbschwester. Bitte, nehmen Sie doch Platz, meine Herren. Ich glaube, Sie kennen Xenia nicht persönlich, aber vielleicht erinnern Sie sich, ihre Stimme gehört zu haben?"

„Ja", sagte die Schwarzhaarige, „wir haben ein paar Mal miteinander telefoniert, nicht wahr, lieber Gröger?"

„Es ist die Chefin", sagte Gröger leise.

„Richtig!" rief Zaza. „Wissen Sie, Xenia hilft mir manchmal, wenn es darum geht, ein diskretes Problem zu lösen. Deshalb habe ich sie gebeten, die Chefin zu spielen."

„Ihre Berichte, Herr Gröger", sagte Xenia, „habe ich immer mit viel Vergnügen gelesen. Wie ich höre, hat es mit der Bezahlung in letzter Zeit nicht so richtig geklappt. Ich hoffe, dass Sie das entschuldigen."

„Es war mein Fehler", sagte der Joker. „Ich habe vergessen, Ihnen das Geld zu bringen."

„Schon gut", antwortete Schlock. Er hatte sich neben Zaza gesetzt und angefangen, die Speisekarte zu studieren. Aber Gröger hatte keine Lust zu essen. „Sie machen sich lustig über uns!", rief er wütend. „Glauben Sie, dass ich mir das gefallen lasse?"

„Aber, aber, lieber Herr Gröger! Beruhigen Sie sich!", bat Zaza.

Gröger war schon an der Tür.

„Wo wollen Sie denn hin?", fragte Xenia.

„Ich gehe! Ich habe es satt, den Idioten zu spielen, nur damit Sie etwas zu lachen haben."

„Setz dich wieder hin", sagte Schlock. „Sei doch nicht so humorlos!"

„Lass mich in Ruhe!", rief Gröger.

„Ich finde, *Sie* haben sich über *mich* lustig gemacht, mein Bester", sagte Xenia. „Sie haben mir nichts als Märchen erzählt! Sie mit Ihren Berichten! Noch nie hat mich jemand so unverschämt angelogen."

„Und dafür haben Sie auch noch Geld bekommen", sagte Charlie.

„Seien Sie still, Charlie", antwortete Gröger. „Sie haben uns zweihundert Mark abgenommen. Vergessen Sie das nicht!"

„Und Sie", rief Charlie, „haben Zazas Handtasche gestohlen."

„Aber meine Herren", sagte Zaza, „es ist doch nicht nötig, sich über solche Kleinigkeiten zu streiten. Wir wollen das alles gut sein lassen! Seien Sie herzlich willkommen! Ich wünsche guten Appetit!"

Auch Gröger hatte sich wieder hingesetzt.

Teil 2

„Liebe Freunde", sagte Zaza, „Sie wollen sicher wissen, warum ich Sie hierher gebeten habe. Ganz einfach: Ich brauche Ihre Hilfe. Aber ich wollte Sie besser kennen lernen, bevor wir mit der eigentlichen Arbeit beginnen. Deshalb habe ich meine Schwester Xenia gebeten, Sie zu testen. Ja, alles was Sie bisher erlebt haben, war nur ein Test.

Nun möchten Sie natürlich hören, zu welchem Resultat ich gekommen bin. Also: Als Detektive waren Sie leider ... Wie soll ich sagen ... Bitte seien Sie mir nicht böse, aber als Detektive waren Sie leider ..."

„... eine Katastrophe", sagte Schlock leise.

„Aber nein! So kann man das nicht sagen. Die Sache mit der Handtasche zum Beispiel war nicht schlecht. Übrigens, ein guter Spion muss auch lügen können. Ihre Berichte, Herr Gröger, haben mir gezeigt, dass Sie Talent haben. Ich bin sicher, dass Sie mit der Zeit alles Nötige lernen werden.

Ich brauche Sie alle beide. Denn Sie allein, lieber Schlock, sind zu faul und machen zu viele Dummheiten. Und bei Ihnen, Herr Gröger, ist es umgekehrt. Zusammen aber kann aus Ihnen ein erstklassiges Team werden. Wir haben uns gewundert, wie schnell Sie alles Nötige gelernt haben. Herzlichen Glückwunsch! Deshalb möchte ich Ihnen zum Schluss ein Geschenk machen. Bitte, Charlie!"

Charlie kam mit einem kleinen, aber eleganten Koffer in der Hand, den er Gröger gab.

„Und ich?" fragte Schlock.

„Hier", sagte Zaza. „Der ist für Sie." Charlie holte einen zweiten, ziemlich großen Koffer unter dem Tisch hervor.

„Wunderbar", rief Schlock. „Vielen Dank!"

Gröger sah unglücklich aus.

„Das ist wieder einmal typisch", sagte er leise zu Schlock. „Typisch Zaza!"

„Was denn?"

„Dir hat sie den größeren Koffer gegeben. Und ich, was habe ich bekommen? Dieses kleine Ding da!"

„Sei froh! Dann hast du weniger zu tragen."

„Immer bin ich der Dumme."

„Wenn dir dein Koffer nicht gefällt, kannst du meinen haben."

„Aber deiner ist nicht so elegant."

„Bitte, meine Herren", sagte Zaza. „Wir sind hier doch nicht im Kindergarten! Wir haben noch viel vor. Ah, da kommt ja endlich unser Champagner. Ich trinke auf Ihr Wohl und auf unsere zukünftigen Pläne."

„Auf unsere zukünftigen Pläne!", rief Schlock und trank sein Glas aus.

„Was sagst du nun, Gröger? Ist sie nicht wunderbar?"

„Meinetwegen", sagte Gröger. „Der Champagner ist jedenfalls nicht schlecht. Aber was sollen wir mit diesen Koffern?"

„Die werden Sie noch brauchen können, liebe Freunde," sagte Zaza.

„Denn die Suche geht weiter. Das Beste kommt noch."

V. Unterrichten mit *Der Auftrag*

1. Entscheidung über den optimalen Einsatz

Das Material eignet sich für einen sehr flexiblen, den jeweiligen Kurs- und Lernbedingungen angepassten Einsatz und lässt Ihnen die wünschenswerten Spielräume im Hinblick auf Zeit- und Lernaufwand für die Bearbeitung.
Alle Aufgaben und Übungen ...

- sind so explizit formuliert, dass sie vom Lerner selbst, d.h. ohne zusätzliche Lehreranweisungen, ausgeführt werden können.
- sind so eng gesteuert, dass eindeutige Lösungsvorgaben oder zumindest Beispielantworten eine selbstständige Kontrolle ermöglichen (siehe: Lösungsschlüssel).
- haben andererseits eine so deutlich inhaltliche Relevanz (im Hinblick auf Textverständnis und -interpretation), dass sie sich ebenso gut auch als „offene" Arbeitsanweisungen, als Sprechanlass im Unterricht verwenden lassen.

Grundsätzlich können einzelne bzw. alle Aufgaben und Hörspielfolgen von den Lernern selbstständig be- und erarbeitet werden (siehe: Hinweise zum autonomen Lernen, S. 10–11): Das erlaubt je nach Niveau variable Arbeitsweisen mit dem Material und erleichtert die Integration neuer Lerner (die eigenständig nachholen können).

In der Übersicht auf S. 100 sind mögliche unterschiedliche Gewichtungen zwischen autonomem Lernen mit dem Material und Bearbeitung im Unterricht skizziert – wobei sich dann in der konkreten Unterrichtspraxis entsprechende Mischformen vorstellen lassen.

Variablen bei Ihrer Entscheidung über den optimalen Einsatz werden sicher sein:

– **Die Deutschkenntnisse** Ihrer Kursteilnehmer im Hinblick auf das sprachliche Einstiegsniveau (Beginn A1) bzw. das Endniveau (Ende A2) der Geschichte (siehe S. 7).
Je besser die Vorkenntnisse der Lerner sind, desto weniger Zeit erfordert die Bearbeitung der Hör- und Lesetexte, desto zügiger können Sie vorgehen.

– **Die Fertigkeiten**, die Sie mit dem Einsatz des Materials trainieren und festigen wollen: Hörverstehen, Leseverstehen, mündlicher oder schriftlicher Ausdruck, freies Sprechen, ...
Je mehr Sie sich hier auf das Hörverständnis der für den Fortgang der Geschichte notwendigen Handlungselemente beschränken, desto enger können Sie den notwendigen Zeitaufwand begrenzen.

– **Die Ziele,** die Sie mit dem Einsatz des Materials verfolgen:
- schnelle Aktualisierung früher erworbener Deutschkenntnisse: Das legt eine zügige und kompakte Bearbeitung nahe.
- motivationsfördernde Abwechslung beim Lernen, Spaß, Entdeckungen beim Umgang mit einem – zugänglichen – „literarischen" Text und einer amüsanten Geschichte: Hier ist es besonders wichtig, dass der Kenntnisstand Ihrer Kursteilnehmer es erlaubt, das Hörspiel mit Genuss, d.h. ohne disproportionierten Klärungsaufwand zu bearbeiten.
- Festigung der im Kursprogramm (bzw. kurstragenden Lehrwerk) angelegten Lernfortschritte: Bearbeitungsrhythmus und -tiefe werden sich hier an der Progression dieses Kursprogramms orientieren.

– **Die Zeit,** die Ihnen im Unterricht für die Arbeit mit *Der Auftrag* zur Verfügung steht.
Für die zügige Bearbeitung einer Hörspielfolge im Unterricht sollten Sie im Durchschnitt circa 20 Minuten ansetzen: Das reicht für eine zweimalige Vorstellung des Hörtextes und eine (überwiegend mündliche) Ausführung der Aufgaben.

Mögliche Gewichtungen zwischen autonomem Lernen und Lernen im Unterricht

Einsatz	Autonomes Lernen ↓	Autonomes Lernen (in Ergänzung zum Unterricht) ↓			
					Anweisungen für Hausaufgaben
Lernen mit:	Buch: Aufgaben, Text, Lösungen	Kopien: Arbeitsblätter „Aufgaben" + „Text" zur jeweiligen Folge			
		Kopie: Lösungen			
	CD: Hörtext, Sprechübungen				
Form der Bearbeitung	**Autonom:** • Individuelle Bearbeitung aller Aufgaben • Überprüfung der Antworten anhand des Lösungsschlüssels • Sprechübungen	**Hausaufgabe:** • Schriftliche Bearbeitung der Aufgaben • Überprüfung der Antworten anhand des Lösungsschlüssels **Kurs:** • Mündliche Bearbeitung des Hörspiels (Verständnissicherung) • Sprechübungen	**Hausaufgabe:** • Schriftliche Nachbearbeitung aller Aufgaben **Kurs:** • Mündliche Bearbeitung der Aufgaben „Situation + Hörspiel" • Überprüfung der schriftl. Aufgabenausführung (Hausarbeit) • Sprechübungen	**Hausaufgabe:** • Schriftliche Ausführung ausgewählter Aufgaben **Kurs:** • Bearbeitung der Aufgaben „Situation + Hörspiel" • Kontrolle und Auswertung • Bearbeitung der Textfassung • Anweisung für ausgewählte Hausaufgaben • Überprüfung der Antworten • Sprechübungen	**Hausaufgabe:** • Schriftliche Ausführung zusätzlicher Aufgaben **Kurs:** • Bearbeitung der Aufgaben „Situation + Hörspiel" • Kontrolle und Auswertung • Bearbeitung der Textfassung • Ergänzende Sprechanlässe, Rollenspiele, ... (siehe: „Tipps") • Anweisungen für zusätzliche Hausaufgaben • Auswertung der Antworten • Sprechübungen
Unterrichten mit:		CD: Hörtext + Sprechübungen			
			Kopien: Arbeitsblätter „Aufgaben"		
				Kopien: „Aufgaben" + „Text"	
Einsatz		↑ Lernen im Unterricht			

100

2. Vorbereitung

Die Aufgabenblätter und der Text zu jeder Folge sind Vorlagen für Kopien, die Sie – am besten sukzessive im Zuge der jeweiligen Bearbeitungsphase (und nicht vorab) – an die Kursteilnehmer austeilen. In einigen Fällen beginnt der Aufgabenblock „Das Hörspiel" bereits auf dem Aufgabenblatt 1 („Die Situation") – doch hat dies für den konkreten Bearbeitungsablauf keine Folgen.

Die Illustrationen zu den Hörspielfolgen spielen für die Einstimmung, Vorerwartung und Klärung eine wichtige Rolle. Besonders ergiebig ist die Arbeit damit, wenn Sie sie – entsprechend vergrößert – auf Folie kopiert einsetzen können. (Dass die technische Qualität der Folien sicher nicht optimal sein wird, hat dabei wenig Gewicht.)

Die Aufgaben zu jeder Folge sind durch sprachliche Vorgaben vergleichsweise „eng gesteuert":
- um spezifische Lernziele (Verwendung bestimmter Strukturen oder Redemittel bei den Antworten) umzusetzen.
- um Ihnen die Vorbereitung und Durchführung zu erleichtern (Worauf kommt es bei der Aufgabe an? Was genau soll gemacht werden?).
- um den Lernern eigenständiges Ausführen und anschließende Kontrolle zu ermöglichen.

Die meisten Aufgaben lassen sich jedoch ebenso gut mündlich und „ungesteuert" (d.h. ohne sprachliche Vorgaben) im Unterricht behandeln.

Sie können also bei der Vorbereitung der Arbeitsblattkopien eine Auswahl treffen und
- entweder auf die sprachlichen Vorgaben (Hauptspalte)
- oder ganz auf die schriftliche Fassung einer oder mehrerer Aufgaben verzichten.

Die Gestaltung der Aufgabenseiten erleichtert Ihnen eine solche Auswahl:
1. Klare (horizontale) Trennung der Aufgabenblöcke
2. Klare Trennung zwischen „Aufgabenanweisung" (in der Randspalte) und „sprachlichen Vorgaben" für die Ausführung (in der Hauptspalte).

Die erste Bestimmung des vorliegenden Materials ist die Arbeit mit dem Hörspiel und das Training des Hörverstehens. Wir empfehlen Ihnen deshalb, **die Textfassung** erst in einer letzten Bearbeitungsphase gewissermaßen als Lösungsschlüssel für die „Höraufgaben" auszuteilen oder auch zum „Nachlesen" als Hausaufgabe.

Grundsätzlich steht jedoch nichts einer intensiveren und (im Unterrichtsverlauf) früheren Arbeit mit dem Lesetext entgegen:
- wenn das Leseverstehen aufgrund der spezifischen Lernziele Ihres Kurses ein besonderes Gewicht hat.
- wenn das sprachliche Niveau Ihrer Kursteilnehmer nicht (mehr) erlaubt, die Hörspielfassung zügig zu bearbeiten, was – je nach „Einstiegsniveau" – in weiter fortgeschrittenen Folgen des Hörspiels der Fall sein kann.

Fast alle Aufgaben zum Hörspiel lassen sich genauso gut anhand der Textfassung bearbeiten!

Es ist jedoch sicher auch in den genannten Fällen zu empfehlen, mit einer Vorstellung des Hörtextes zu beginnen: Das globale Hörverständnis wird das Verständnis des schriftlichen Textes erleichtern!

3. Arbeitsformen im Unterricht

Variieren Sie genauso, wie in anderen Phasen Ihres Unterrichts, möglichst häufig die Arbeitsformen bei der Ausführung und der Auswertung der Aufgaben:
- individuelle schriftliche Ausführung bzw. Vorbereitung (eventuell als Hausaufgabe)
- schriftliche Ausführung, individuell oder in Partnerarbeit (im Unterricht)
- Vergleich, Überprüfung der Antworten in Partnerarbeit, in Kleingruppen oder im Plenum

- Abstimmung, Ausarbeitung von Vorschlägen, Vorbereitung von Diskussionen oder Rollenspielen in Kleingruppen
- Gesprächssimulationen bzw. Rollenspiele, vor der Gruppe oder simultan von allen Kursteilnehmern mit verteilten Rollen in entsprechenden Gesprächsgruppen

4. Bearbeitung einer Hörspielfolge

Wir beschreiben nachstehend zwei mögliche Szenarien.
Zwischen diesen beiden Szenarien A und B sind selbstverständlich Mischformen denkbar.

Szenario A
Die verfügbare Unterrichtszeit ist begrenzt und *Der Auftrag* dient Ihnen **als kursbegleitendes Zusatzmaterial** zum Training des Hörverstehens und zur Festigung von Strukturen und Redemitteln.

Die Übersicht zeigt die Bearbeitungsschritte einer Hörspielfolge. (Erklärungen zu a–g: Seite 103)

Bearbeitungsschritte	Arbeitsmittel Arbeitsformen im Unterricht **a)**
1. **Aufgabenblock: Die Situation b)**	**Arbeitsblatt 1: „Die Situation"**
• Die Aufgaben klären	im Plenum
• Die Aufgaben ausführen	individuell / mit PartnerIn / in Kleingruppen / im Plenum
• Antworten besprechen **c)**	im Plenum
2. **Aufgabenblock: Das Hörspiel**	**CD + Arbeitsblatt 2: „Das Hörspiel"**
2.1 • Die Hörspielfolge anhören (1) **d)**	
• Die Aufgaben °° klären	im Plenum
• Die Aufgaben °° ausführen	individuell
• Antworten besprechen	mit PartnerIn / im Plenum
2.2 • Die Hörspielfolge anhören (2) **d)**	
• Antworten zu Aufgaben °° prüfen **e)**	im Plenum
• Die Aufgaben ° klären	im Plenum
• Die Aufgaben ° ausführen	individuell / mit PartnerIn
• Antworten besprechen	mit PartnerIn / in Kleingruppen / im Plenum
2.3 • Die Hörspielfolge anhören (3) **d)**	
• Antworten zu Aufgaben ° überprüfen **e)**	im Plenum
• Die folgenden Aufgaben klären	im Plenum
• Die Aufgaben ausführen **f)**	individuell / mit PartnerIn / in Kleingruppen / im Plenum
• Antworten besprechen **c)**	mit PartnerIn / in Kleingruppen / im Plenum
3. **Die Textfassung**	**Arbeitsblatt 3: „Textfassung"**
• Den Text lesen, klären	individuell, dann mit PartnerIn / im Plenum
• Antworten zu den Aufgaben (Hörspiel) überprüfen und besprechen	individuell / im Plenum
4. **Sprechübungen**	**CD (eventuell + Kopie Transkripte)**
• Die Sprechübungen ohne Stopp **g)** anhören	im Plenum
• Mit Stopp nach Sätzen/Satzgruppen anhören und Sätze wiederholen	im Plenum / individuell

Ergänzende Anmerkungen (a–g) zu den Bearbeitungsschritten:

a) Mögliche Arbeitsformen, die sich für einen Arbeitsschritt je nach Aufgabentyp und -inhalt, verfügbarer Zeit, ... anbieten.

b) Arbeitsschritte, die sich auch als Aufgaben für vor- oder nachbereitende Hausaufgaben eignen (gemeinsame Auswertung dann im nächsten Kurs).

c) Antworten besprechen, d.h. die Antworten der KT vergleichen, ergänzen, diskutieren und erklären lassen: *Welche Hinweise gibt es (in der Geschichte, auf den Illustrationen, im Dialog)? Warum ist diese Antwort eher richtig/falsch? Warum meinen/glauben Sie ...?*

d) Wie oft Sie den Hörtext vorstellen, bleibt im Einzelfall zu entscheiden. Wenn Ihre KT wichtige Elemente der Erzählung auch nach dem 3. Anhören nicht mehr verstehen, ist dies sicher ein Signal dafür, die Textfassung früher einzusetzen (siehe S. 16).
Wahrscheinlich darf man bei den Zuhörern eine „Hörerwartung", die die Aufmerksamkeit beim Zuhören steuert („Wie geht es weiter?"), voraussetzen. Trotzdem kann die Klärung der Aufgaben °° **vor** dem 1. Anhören der Hörspielfolge dort sinnvoll sein, wo durch diese Klärung Wortschatz „vorentlastet" werden kann, der für das Hörverständnis wichtig ist.

e) Die abschließende Überprüfung der Aufgabenausführungen zum Hörspiel können Sie bis nach Schritt 3 aufschieben. Das Verständnis des schriftlichen Textes dient dann gewissermaßen als „Lösungsschlüssel" für die Aufgaben zum Hörspiel.

f) Diese Aufgaben können Sie auch erst nach Schritt 3 (Textklärung) behandeln.

g) Ermuntern Sie Ihre Kursteilnehmer, sich die Sprechübungen „entspannt", möglichst mit geschlossenen Augen, ein oder zweimal (ohne Unterbrechung) anzuhören oder besser: „auf sich einwirken zu lassen".
   • Lassen Sie sie dann aus der Erinnerung einzelne Formulierungen wiederholen.
   • Spielen Sie anschließend die Sprechübungen (alle oder ausgewählte Satzgruppen) noch einmal mit entsprechenden Stopps ab und lassen Sie sie wiederholen (gemeinsam oder abwechselnd von verschiedenen Kursteilnehmern).
   • Eventuell geben Sie eine Kopie der Transkripte (zum Lernen der Formulierungen) aus.

Natürlich lässt sich der Bearbeitungsaufwand für eine Hörspielfolge noch enger begrenzen, insbesondere, solange Ihre Kursteilnehmer die Texte auch ohne Klärungsaufwand verstehen. So können Sie ...
• „leichte" Aufgaben nur kurz mündlich im Plenum abhandeln,
• einzelne Aufgaben (z.B. Aufgaben °) ganz aussparen oder als Hausaufgaben geben,
• auf die zusätzliche Klärung mit der schriftlichen Textfassung verzichten,
• die Sprechübungen nur auszugsweise oder gar nicht ausführen lassen.

Szenario B
Sie unterrichten **Kursteilnehmer mit „Auffrischbedarf"**, um sie an das Anschlussniveau A2/B1 heranzuführen. Sie wollen den (sprachlichen und inhaltlichen) Input – und hoffentlich auch das Vergnügen an der Geschichte – als roten Faden einer systematischen Reaktualisierung der Sprachkenntnisse und -fertigkeiten nutzen, als Sprechanlass, für Diskussionen, für Meinungs- und Wissensaustausch, für Rollenspiele.

Der Bearbeitungsablauf ist der gleiche wie im Szenario A.
Doch werden diese Lernschritte durch Aufgaben ergänzt, die das in der Geschichte angelegte Potenzial zur sprachlichen Interaktion, zu Meinungsaustausch, zu kreativem Umgang mit der Sprache aufgreifen.
Wir machen Ihnen dazu nachstehend eine Reihe von Vorschlägen für „weiterführende Aufgaben". Anschließend stellen wir Ihnen dann am Beispiel einiger Lektionen mögliche konkrete Umsetzungen vor.

5. Weiterführende Aufgaben: Beispiele

1 „Kreative" Aufgaben

1.1 Den Faden (der Geschichte) weiterspinnen
Arbeiten Sie mit der Illustration einer Hörspielfolge (möglichst auf Folie, siehe S.101, Punkt 2).
Mögliche Fragen an die Kursteilnehmer sind z.B.:
- *Welche Situation, welche Handlung, welche Dinge werden dargestellt?*
- *Welchen Zusammenhang mit der bisher bekannten Handlung vermuten Sie?*
- *Was wird in dieser Folge vielleicht/sicher passieren?*

Sie können diese Fragen im Plenum behandeln oder ausführlicher in Kleingruppen bearbeiten lassen. Dabei sind dann präzisere Vorgaben hilfreich, z.B.:
- *Die Illustration zeigt eine ,Momentaufnahme': Was passiert vorher? Was passiert hier (Illustration)? Was passiert danach?*
- *Erfinden/Schreiben Sie ein Szenario in 3 (kurzen) Sequenzen.*

Die verschiedenen Szenarien werden dann im Plenum vorgestellt. Dabei kann das „wahrscheinlichste" (begründen lassen, warum!) oder das „phantasievollste" Szenario ausgewählt und mit weiteren Ideen ergänzt werden.
Prinzip bei allen „spekulativen" Aufgaben über den möglichen Fortgang der Handlung:
- Es geht darum, selbst etwas zu erfinden und möglichst mehrere Handlungsvarianten auszudenken – und nicht darum, „die" richtige zu erraten.

> Beispiel: Seite 109, Folge 2, Schritt 2

1.2 „Erfinden Sie ..."
- *Erfinden Sie einen passenden Titel für diese Folge!*
  Fördern Sie dabei witzige und phantasievolle Vorschläge wie: „Das Biest", „Das Foto kostet 60 Mark!" ...
- *Erfinden Sie eine alternative Illustration zu dieser Folge und beschreiben Sie, was darauf zu sehen sein soll.*
- *Gröger oder Schlock träumen im Anschluss an die Geschehen in Folge (X). Erfinden Sie einen Traum, in dem Realität und Traumphantasien sich mischen. (Siehe Folge 10)*

> Beispiel: Seite 110, Folge 3, Schritt 5

2 Rollenspiele

Rollenspiele sollten sprachlich und inhaltlich gut vorbereitet werden, damit nicht nur die phantasievollen und sprachlich überlegenen Kursteilnehmer zum Zuge kommen.
Inhaltliche Stichworte (Wortschatz), geeignete Redemittel, mögliche Fragen bzw. Antworten für die jeweiligen Rollen sollten zunächst gemeinsam oder auch in Kleingruppen zusammengestellt werden. Das regt die Phantasie an und gewährleistet, dass alle Kursteilnehmer über ein Mindestrüstzeug verfügen, um in ihren jeweiligen Rollen „mitspielen" zu können. Das schließt individuelles Improvisieren beim Rollenspiel nicht aus.
Anmerkung: Rollenspiele sollten nicht unbedingt „vor einem Publikum" (= die Gruppe) „vorgespielt" werden. Sie können genauso gut simultan in verschiedenen Kleingruppen „ohne Beaufsichtigung" gemacht werden!

2.1 Gesprächsituationen (der Geschichte) mit verteilten Rollen nachspielen
Vorbereitung:
- Gespräch (anhand der Textfassung) mit verteilten Rollen vorlesen lassen
- Inhaltliche Stichworte und wichtige Redemittel für die jeweiligen Rollen zusammenstellen

> Beispiel: Seite 109, Folge 1, Schritt 4

2.2 Interviews mit den Protagonisten der Geschichte (Gröger, Schlock, die Kinder ...) zum jeweiligen Stand der Handlung und Ereignisse
Vorbereitung:
• Liste von möglichen Fragen, Beispiele von möglichen Antworten zusammenstellen
Variante 1: Ein Kursteilnehmer übernimmt die Rolle eines Protagonisten und wird von allen anderen „interviewt".
Variante 2: Das Interview wird von jedem Kursteilnehmer einzeln mit jeweils einem Partner (= Protagonisten der Geschichte) durchgeführt.
Anschließend kann im Plenum über besonders interessante Antworten berichtet werden.
> Beispiel: Seite 109, Folge 2, Schritt 5

2.3 „Verhör" eines „Zeugen"
Ein Zeuge hat das Geschehen (Ereignisse in der entsprechenden Folge) beobachtet und beantwortet Fragen, anhand derer er den Verlauf genau zu beschreiben und seine eigenen Reaktionen wiederzugeben hat.
Vorbereitung:
Liste möglicher Fragen und Beispiele möglicher Antworten zusammenstellen lassen
> Beispiel: Seite 111, Folge 4, Schritt 5

3 Spiele:

3.1 „Heißer Stuhl" (ähnlich wie 2.2)
Im Anschluss an die Bearbeitung einer/mehrerer Folge/n muss ein Kursteilnehmer spontan in der Rolle eines der Protagonisten (Gröger, Schlock, Zaza, die Kinder, der Postbote, der Hausmeister, ...) Fragen beantworten.
Vorbereitung:
• Jeder Kursteilnehmer bereitet schriftlich jeweils (5) Fragen an die Protagonisten der Geschichte vor (eventuell als Hausaufgabe geben).
Die Rolle(n) der Protagonisten wird/werden per Los an einzelne Kursteilnehmer vergeben. Sie müssen (einzeln oder zu mehreren) vor die Gruppe auf den „heißen Stuhl", werden mit den vorbereiteten Fragen bombardiert und haben spontan auf die Fragen zu antworten.

3.2 „Satzketten"
Variante 1: Die Zusammenfassung der vorangegangenen Handlung wird Satz für Satz gemeinsam erstellt. Kursteilnehmer A beginnt mit dem ersten Satz. Kursteilnehmer B wiederholt den Satz von A und ergänzt den nächsten Satz. Kursteilnehmer C wiederholt Satz A und Satz B und ergänzt, u.s.w.
Variante 2: Die Beschreibung eines der Protagonisten wird Satz für Satz erstellt. Gleiches Vorgehen wie in Variante 1.

4 Sprechanlässe

4.1 Fragen/Vermutungen zur „Psychologie" der Protagonisten bzw. zu Persönlichkeitstypen, die ihnen ähneln, z.B.
• *Warum reagiert er/sie so?*
• *Was sagt uns das über seine Persönlichkeit?*
• *Welcher Lebensstil, welche anderen Gewohnheiten oder Verhaltensweisen kennzeichnen solche Personen? (z.B. Wie ist seine/ihre Wohnung wohl eingerichtet? Wie geht er/sie mit Geld um? ... ?)*
• *Wie reagiert er wohl, wenn z.B. ... sein/ihr Computer nicht funktioniert? ... ein Freund spät nachts bei ihm/ihr klingelt? ... er/sie 100 Euro auf der Straße findet? ...?*

4.2 Verhaltensweisen oder Handlungen der Protagonisten der Geschichte als Diskussionsanlass
In welchen Situationen finden Sie das (nicht) akzeptabel oder gerechtfertigt? Z.B.:
- Detektive suchen Informationen über eine Frau.
- Jemand fährt schwarz in öffentlichen Verkehrsmitteln.
- Jemand öffnet einen Brief, der für eine andere Person bestimmt ist.
- Jemand gibt in einem Bericht an Vorgesetzte falsche/übertriebene Informationen.
- ...

Vorbereitung:
- Überlegen Sie sich kleine Fallbeispiele, die unterschiedliche Meinungen zum jeweiligen Thema nahe legen und stellen Sie sie zur Diskussion, z.B.:

Was dürfen Detektive (nicht)? Wo beginn der Schutz des Privatlebens? Sind Sie einverstanden, wenn Eltern einen Brief von einem ihnen unbekannten Absender an ihre 14jährige Tochter öffnen? Ein fünfzehnjähriger Junge erklärt: Ich finde Schwarzfahren spannend. Was antworten Sie ihm?

Solche Aufgaben erlauben es oft auch, interkulturelle Unterschiede beim gesellschaftlichen Konsens über bestimmte Fragen zu thematisieren:
- *Wie reagiert man bei Ihnen auf Schwarzfahren? .... bei Rot über die Straße gehen, ...?*

> Beispiel: Seite 109, Folge 2, Schritt 3

4.3 Themen, bei denen es um Einstellungen, Vorlieben, Gewohnheiten geht, z.B.:
- Kinder mögen / nicht mögen
- Lieber im Restaurant essen / zu Hause essen
- Lieber mit einem Kollegen zusammenarbeiten / alleine arbeiten
- Muss man bei einer Arbeit immer „arbeiten" oder darf/soll man sich auch amüsieren?

Vorgehen:
Welche Argumente sind auf beiden Seiten vorstellbar?
- Argumente für beide Seiten sammeln,
- anschließend: Streitgespräch im Plenum oder zwischen Gesprächspartnern („Tandem").

> Beispiel: Seite 109, Folge 2, Schritt 3

4.4 Typische Konflikt-Situationen, z.B.:
- Konflikte zwischen Kollegen bei der Zusammenarbeit
- Konflikte zwischen Kindern und Erwachsenen
- Konflikte im alltäglichen Zusammenleben

Nennen Sie Beispiele von möglichen Konfliktpunkten, -situationen oder Interessengegensätzen.
Welche Argumente können beide Seiten anführen?

> Beispiel: Seite 110, Folge 3, Schritt 4

Variante: Anhand eines kleinen Fallbeispiels (A will dies, B will das) einen solchen Konflikt zwischen 2 Parteien mit unterschiedlichen Interessen und Zielen aushandeln

Auflage für die „Verhandlungspartner": den für ihre Ziele bestmöglichen Kompromiss aushandeln

4.5 Wissens- und Meinungsfragen, z.B.:
- *Was hat ein Hausmeister zu tun / nicht zu tun?*
- *Wann gibt man ein Trinkgeld / kein Trinkgeld (in Deutschland / bei Ihnen)?*
- *Ist das erlaubt/verboten (in Deutschland / bei Ihnen)?*

5 Mögliche Vorgaben für schriftliche Aufgaben (eventuell als Hausaufgaben):

- Zusammenfassung der jeweiligen Handlung
- Zeugenbericht eines Beobachters

- Innerer Monolog der beiden Hauptprotagonisten (Gröger oder Schlock) zum Geschehen.
- Bericht „Nr. 4" an die Chefin (nach und in Anlehnung an Folge 9 mit der Vorgabe, entweder zu übertreiben oder die Wahrheit zu schreiben)
> Beispiel: Seite 111, Folge 4, Schritt 5

6 Training des „Sprachgefühls"

Varianten zur Umsetzung bestimmter Sprechintentionen zusammenstellen und ordnen, z.B.
- jemanden warnen (*„Sie ist gefährlich!" „Vorsicht!"*)
- Ungeduld äußern: (*„Schlafen Sie nicht, Gröger!" „Machen Sie schnell!"*)
- Gefallen/Missfallen äußern (*„Wie sie lächelt!" „Ein Biest!" „Ich liebe ..."*)

<u>Vorgehen:</u> Wählen Sie eine Sprechintention (aus der jeweiligen Folge) aus.
Erinnern Sie sich an andere Situationen/Formulierungen in der Geschichte, die die gleiche Bedeutung haben?
Die Kursteilnehmer suchen Beispiele und ergänzen sie mit eigenen.
Diese Formulierungen werden anschließend geordnet, z.B:höflich – neutral – unhöflich; indirekt – direkt; persönlich – sachlich – formell; ...
Lassen Sie die Formulierung mit jeweils verstärkender/abschwächender Intonation aussprechen.
(Ein Echo dieser Übung finden Sie sicher auch in den Sprechübungen.)

6. Vorschläge für den Unterricht: Folgen 1–4

Grundmuster für die Bearbeitung einer Hörspielfolge bleibt der Ablauf, der auf Seite 102 ff. skizziert wurde. Die Vorschläge für mögliche Vorgehensweisen und ergänzende Aufgaben bei der Behandlung der Folgen 1–5 sollen als Anregung dienen, wie das inhaltliche und sprachliche Potenzial des Hörspiels zum Training und zur Festigung aller sprachlichen Fertigkeitsbereiche (A2-Niveau) und für einen „lebendigen Unterricht" genutzt werden kann.
Ob Sie wie von uns vorgeschlagen vorgehen oder ob Sie sich nur ab und zu „bedienen" wollen, wird natürlich auch vom sprachlichen Niveau Ihrer Kursteilnehmer (die weiterführenden Aufgaben beinhalten unterschiedliche sprachliche Anforderungen) und von der verfügbaren Zeit abhängen.
Um Ihnen einen schnellen Überblick zu erlauben, haben wir die Erklärungen sparsam, d.h. meistens stichwortartig formuliert und die folgenden Darstellungskonventionen verwendet:
LH = Lehrer; KT = Kursteilnehmer
Welche Geräusche hören Sie? = Beispiele von Fragen, Kommentaren des Lehrers
> *Wasser, Vögel, Wind ...* = Beispiele von möglichen Antworten der Kursteilnehmer:
⇒ = Vorschläge für mögliche, weiterführende Aufgaben (siehe S.104–107)

EINFÜHRUNG:

Das Hörspiel beginnt mit einer Geräuschsequenz (ca. 2,5 Minuten), die den Zuhörer aus der Natur in ein ländliches Milieu, dann nach und nach in das Getümmel einer Großstadt und schließlich in die U-Bahnstation führt, wo die eigentliche Handlung beginnt.
Die Bilder auf Seite 12–13 illustrieren die verschiedenen Etappen dieser „Reise".

1 Erklärung zur Einführung
LH: *Wir beginnen jetzt mit einer Geschichte, die etwas geheimnisvoll ist: Die Hauptfiguren dieser Geschichte werden Sie gleich kennen lernen. Die erste Sequenz des Hörspiels führt uns zu dem Ort, wo die Handlung beginnt.*

2 Hörspiel: Einführung zur 1. Folge (Geräuschsequenz) vorspielen

Geräuschsequenz vorspielen: Die KT ermutigen, mit geschlossenen Augen zuzuhören.
Welche Geräusche hören Sie?
> (Musik), Wasser, Bach, Fluss, Vögel ...
Vorschläge an der Tafel notieren und anschließend ergänzen
Wo hört man / Wo gibt es diese Geräusche? > Natur, Wald, Eisenbahn, ...
⇒ *Können Sie die Geräusche beschreiben?*
> Wasser/plätschern – Bäume/rauschen – Vögel/singen ...
Kopie der Bildseite(n) austeilen / eventuell: Sequenz noch einmal vorspielen
Welches Bild passt zu welcher Etappe? Notieren Sie die Reihenfolge (1, 2 ...) (siehe Aufgabe 1)
Wo beginnt die Sequenz, wo endet sie? Wo sind wir in jeder Etappe?
Die Vorgaben a)–v) können dabei als Wortschatzhilfen dienen. (Auf die Präpositionen und die Artikeldeklination sollten Sie hier nicht näher eingehen!)
Gibt es eine Geschichte?
> Zuerst sind wir in der Natur, dann in einem Dorf. Man hört Schritte. Das ist sicher ... .

FOLGE 1

1 Illustrationen: Kopie/Folie (möglichst ohne Aufgabentext) austeilen/zeigen

Was zeigen die Illustrationen? Was machen die beiden Männer? ... Beschreiben Sie genau, was man sieht.
> Sicher eine U-Bahnstation, zwei Männer, sitzen, warten, ...
Was passiert hier vielleicht? Was glauben Sie?
KT äußern Vermutungen (je nach Niveau ohne oder mit *dass*-Nebensatz)
Ermutigen Sie zum Erfinden mehrerer möglicher Handlungsszenarien.

2 Aufgabenblatt 1 („Die Situation") austeilen

(wenn nicht mit Behandlung der Illustration abgedeckt, s.o.): KT führen individuell oder mit Partner
Aufgabe 1 aus; Antworten anschließend gemeinsam besprechen
Aufgabe 2: im Plenum ausführen (verschiedene Antworten sind möglich)
⇒ KT: In Kleingruppen oder Partnerarbeit:
Wählen Sie ein Szenario (s.o. Antworten zu: Was passiert hier?). Erfinden Sie einen Dialog. Verwenden Sie dabei (u.a.) die Sätze aus Aufgabe 2.
⇒ Dialoge vorlesen lassen, besprechen.

3 Aufgabenblatt 2 („Das Hörspiel") austeilen
Hörspiel: Folge 1 vorspielen

Aufgabe 3 (klären) ausführen; Antworten begründen lassen: *Welche Hinweise gibt es im Text?*
Aufgabe 4 mit PartnerIn ausführen, Antworten dann im Plenum gemeinsam besprechen
KT lesen Aufgabe 5. (soweit notwendig: im Plenum klären)
Wenn notwendig: Hörspiel noch einmal vorspielen
KT führen Aufgabe 5 individuell aus; LH notiert Stichworte (der KT) an der Tafel.
Zusammenfassung: im Plenum mündlich oder schriftlich (LH/KT schreibt an der Tafel)
Variante: Zusammenfassung erst nach Schritt 6 oder individuell (als Hausaufgabe)

4 Textfassung austeilen

Text individuell oder mit Partner lesen, klären – im Plenum gemeinsam besprechen
Antworten zu Aufgabe 3–5 überprüfen, ergänzen
Eventuell: Hörspiel noch einmal vorspielen
⇒ KT lesen Dialoge mit verteilten Rollen laut (vor der Gruppe oder halblaut mit PartnerIn)
⇒ KT spielen das Gespräch mit PartnerIn frei nach (keine wörtliche Wiederholung).
Vorher festlegen: Stichworte zu Inhaltspunkten, Redemittel, die verwendet werden sollen

5 Sprechübungen vorspielen (Siehe Hinweise f), S.103)

FOLGE 2:

1 Illustrationen: Kopie/Folie (möglichst ohne Aufgabentext) austeilen/zeigen
Erzählen Sie, was in Folge 1 passiert (ist).
KT erzählen im Plenum noch einmal die Handlung (Präsens oder Perfekt, je nach Niveau); Arbeitsform: Jeder KT fügt einen neuen Satz hinzu, oder: A stellt eine Frage zur Geschichte, B antwortet; C stellt die nächste Frage, D antwortet; ...

2 Aufgabenblatt 1 („Die Situation") austeilen
KT machen <u>Aufgabe 1</u> individuell oder mit PartnerIn; dann im Plenum besprechen (Aufgabe 1 überspringen, wenn mit Schritt 1 abgedeckt oder als Übung überflüssig)
<u>Aufgabe 2</u>: mündlich im Plenum
⇒ *Gleich gibt es ein Problem für Gröger und Schlock! Was passiert vielleicht?*
Zeigen Sie den KT durch Nachfragen *(Wer hat noch eine Idee?)*, dass es nicht darum geht, „die" richtige Antwort zu finden, sondern möglichst viele alternative Vorschläge, z.B.:
> *Die U-Bahn hat eine Panne. Gröger und Schlock steigen ein, aber die Frau steigt wieder aus. Die U-Bahn ist voll und sie sehen die Frau nicht mehr. Sie verlieren das Foto. Es gibt eine Kontrolle. Die Frau (Zaza) sieht sie in der U-Bahn und fragt sie, warum ...*

3 Aufgabenblatt 2 („Das Hörspiel") austeilen,
Hörspiel: Folge 2 vorspielen
<u>Aufgabe 3</u> (klären) ausführen; Antworten begründen lassen: *Welche Hinweise gibt es im Text?*
<u>Aufgabe 4</u> individuell oder mit PartnerIn ausführen
Wenn notwendig: Hörspiel noch einmal vorspielen; Antworten zu Aufgabe 4 besprechen
<u>Aufgabe 5</u> mit PartnerIn ausführen; Antworten besprechen: Vielleicht kommen von den KT spontan schon „witzige" Lösungen, z.B.: > *Fahren Sie auch manchmal schwarz? Das ist doch normal! ...* Sonst ermutigen Sie sie dazu: *Welche anderen Antworten (als die „normalen") können auch passen?*
⇒ Greifen Sie das Thema „Schwarzfahren" auf: *Wie viel kostet das in Ihrem Land? Gibt es oft Kontrollen? Ist schwarz fahren ein Problem? Tragen Kontrolleure eine Uniform? Wie verhalten Sie sich? Was denkt man über Schwarzfahrer? ... ?*
⇒ Stellen Sie ein entsprechendes Fallbeispiel zur Diskussion, z.B.: *Ein fünfzehnjähriger Junge erklärt: „Ich finde Schwarzfahren spannend!" Was antworten Sie (KT) ihm?*
⇒ Oder als Aufgabe für Kleingruppen: *Finden Sie mindestens 5 Gründe oder Entschuldigungen, die eine Person, die ohne Fahrkarte fährt, nennen kann.*
Auswertung anschließend im Plenum.

4 Textfassung austeilen (Bearbeitung wie in Folge 1, Schritt 6)

5 Aufgabenblatt 2 („Das Hörspiel") noch einmal aufnehmen
<u>Aufgabe 5</u>, Teil 2: Im Plenum gemeinsam Fragen für ein Interview mit Gröger oder Schlock zusammenstellen, an der Tafel notieren; Vorschläge für mögliche Antworten machen lassen
⇒ Die KT spielen das Interview. Zu zweit, mit anschließendem Rollenwechsel. Oder: ein KT spielt Gröger (Schlock) und wird von den anderen KT gemeinsam interviewt.

6 Sprechübungen vorspielen (Siehe Hinweis f), S.103)

FOLGE 3:

1 Illustrationen: Kopie/Folie (möglichst ohne Aufgabentext) austeilen/zeigen
Erzählen Sie, was in Folge 1 passiert (ist).
Beschreiben Sie, was die Illustration zeigt.
Was passiert jetzt vielleicht?
Sicher kommen hier Antworten, die den 3 Situationen (A,B,C) in Aufgabe 1 entsprechen.
Entwickeln Sie dann direkt aus diesen Vorschlägen die Bearbeitung von Aufgabe 1 (s.u.).

2 Aufgabenblatt 1 („Die Situation") austeilen
Aufgabe 1: Die KT erfinden Fragen für die 3 Situationen in entsprechenden Kleingruppen (A,B,C).
Vorgabe: *Finden Sie mindestens 5 mögliche Fragen.*
Besprechen Sie die Fragen dann im Plenum, lassen Sie weitere Fragen ergänzen und Vorschläge für mögliche Antworten und Gegenfragen machen.
⇒ Die KT spielen die Gespräche in entsprechenden Gesprächsgruppen mit verteilten Rollen.
Aufgabe 2: mit PartnerIn bearbeiten; anschließend den Dialog im Plenum mit verteilten Rollen laut vorlesen

3 Aufgabenblatt 2 („Das Hörspiel") austeilen
Hörspiel: Folge 3 vorspielen
Aufgabe 3 (klären) ausführen. Bei der Besprechung der Antworten kommen sicher unterschiedliche Interpretationen (darüber, was Gröger und Schlock wirklich wissen).
Aufgabe 4: mit PartnerIn ausführen. Bei der Besprechung im Plenum weitere Argumente ergänzen lassen: *Gibt es noch andere Argumente für beide Seiten?*

4 Weiterführende Aufgabe
⇒ Aufgabe für Kleingruppen: *Wie finden Kinder die erwachsenen Personen? Was finden sie gut? Was finden sie nicht gut? Finden Sie mindestens 4 positive und 4 negative Aspekte (von Erwachsenen) aus Sicht der Kinder.* Anschließend: Ergebnisse gemeinsam besprechen.
⇒ Improvisiertes Gespräch mit PartnerIn(nen) oder in Kleingruppen: Kinder antworten auf Vorwürfe unzufriedener Erwachsener – Erwachsene antworten auf Vorwürfe unzufriedener Kinder (mögliche Vorgabe: Ansprache mit *du/ihr* oder *Sie*), z.B.:
   > *Erwachsener: Warum lauft ihr / läufst du immer hin und her? – Kind: Wir haben / Ich habe viel Energie. Laufen ist gesund. Ich finde sitzen/warten langweilig. u.s.w.*
   > *Kind: Warum habt ihr / haben Sie / hast du nie Zeit? – Erwachsener: ... u.s.w.*

5 Aufgabenblatt 2 („Das Hörspiel"), Aufgabe 5 wieder aufnehmen
Wenn notwendig: Hörspiel noch einmal vorspielen; Aufgabe 5 beantworten.
Warum sagen die Kinder zuerst ‚Sie' und dann ‚du/ihr' zu Gröger und Schlock?
   > *haben keinen Respekt mehr, finden sie komisch; kennen jetzt den Namen ...*
⇒ Vertiefen Sie das Thema „siezen/duzen": *Sind die Regeln ähnlich wie in Ihrer eigenen Sprache/Kultur? Ab welchem Alter siezen Sie einen Jugendlichen? Was sagen Lehrer zu Schülern? Wie reden sich Arbeitskollegen an, die nicht befreundet sind? ...?*
⇒ *Erfinden Sie einen Titel für diese Folge.* Entweder im Plenum (Spontanantworten) oder in Kleingruppen oder mit PartnerIn (Vorgabe: *Machen Sie mindestens 3 Vorschläge.*) Anschließend: Abstimmung über den Titel, der am besten gefällt.
   > *„Schlick, Schlack, Schlock!" – „Biester sind das!" – „Das Biest ist weg, aber die Biester sind da." ...*
   (Als Standardaufgabe auch in den kommenden Folgen beibehalten)

6 Textfassung austeilen (Bearbeitung wie in Folge 1, Schritt 6)

7 Sprechübungen vorspielen (Siehe Hinweise f), S. 103)

FOLGE 4:

1 Illustrationen: Kopie/Folie (möglichst ohne Aufgabentext) austeilen/zeigen
Beschreiben Sie, was Sie auf den Illustrationen sehen?
⇒ Dann In Kleingruppen oder mit PartnerIn: *Erfinden Sie eine Geschichte, die zu den Bildern passt.*
Ergebnisse vorstellen, besprechen. *Welche Variante wählen Sie, wenn Sie der Autor sind? Warum?*

2 Aufgabenblatt 1 („Die Situation") austeilen
Aufgabe 1 ist eventuell schon mit Schritt 1 abgedeckt.
Hörspiel: Folge 4 vorspielen

KT führen Aufgabe 2 aus und machen dann gemeinsam anhand ihrer Antworten eine mündliche Zusammenfassung. (Arbeitsform: siehe Folge 2, Schritt 1)

3 Aufgabenblatt 2 („Das Hörspiel") austeilen
KT führen mit PartnerIn Aufgabe 3 aus.
Wenn notwendig: Hörspiel noch einmal vorspielen; Antworten zu Aufgabe 3 besprechen
Aufgabe 4, Teil 1: im Plenum.
Aufgabe 5: mit PartnerIn, Antworten dann im Plenum vergleichen und begründen lassen.

4 Textfassung austeilen: Bearbeitung wie in Folge 1 (Schritt 6)
Aufgabe 4, Teil 2 mit den Textfassungen der Folgen 1, 2, 3, 4 in Kleingruppen ausführen lassen. Die Ergebnisse anschließend gemeinsam auswerten. Dabei gibt es sicher häufig unterschiedliche Interpretationen bzw. Zuordnungen von Äußerungen zu Emotionen: Üben Sie mit den KT die Aussprachevarianten (Tonfall, Prosodie), die die jeweilige Emotion deutlich werden lassen.

5 Schriftlicher „Zeugenbericht" oder mündliches „Verhör"
⇒ *Ein Zeuge beschreibt genau, was vor dem Haus passiert.*
Vorgabe: Auch die beiden Herren, ihr Aussehen, Verhalten, ... und die Meinung des Zeugen *(Ich glaube / finde / bin sicher ...)* sollen beschrieben werden. Je nach Niveau im Präsens oder Perfekt erzählt. Als schriftliche Hausaufgabe oder als mündliches „Verhör":
Variante A: Nach Vorbereitung (zunächst werden gemeinsam Beispiele von möglichen Fragen und Antworten gesammelt) wird ein Zeuge, z.B. von einem oder mehreren Polizisten, verhört (mit entsprechendem Vorspiel: *Wie heißen Sie? Wo wohnen Sie? Was machen Sie in der Welserstraße? Wann genau passiert das? ...*) und muss genaue Auskünfte geben.
Variante B: Teilen Sie die KT in 2 Gruppen auf. Gruppe A spricht sich genau über Ablauf des Geschehens, Aussehen und Handlungen der Protagonisten der Geschichte ab. Gruppe B einigt sich auf eine Liste von Fragen, die man den Zeugen stellen wird. Anschließend verhört jeweils ein Mitglied der Gruppe B einen Zeugen (Gruppe A) – diese Gespräche werden gleichzeitig geführt. Nach Abschluss der „Verhöre" vergleichen die „Ermittler" die Antworten, die sie bekommen haben, im Hinblick auf die Frage *Sind die Zeugen glaubwürdig oder gibt es Widersprüche zwischen den Aussagen?*

6 Sprechübungen vorspielen (Siehe Hinweise f), S. 103)

FOLGE 1

1.3

**Satzformen: Fragen, Aussagen, Aufforderungen
(Sie-Form)
Negation
*aber, oder***

Da kommt sie! Das ist sie!

Da kommt er!
   Nein, das ist er nicht.

Sie ist blond, aber die Frau dort ist dunkel.
   Blond oder nicht blond, sie ist es.

Kommt sie – oder kommt sie nicht?
Ist sie das – oder ist sie das nicht?
Steigt sie ein oder nicht?
Hat sie Zeit, oder hat sie keine Zeit?

Was macht sie?
Was machen wir?
Was machen <u>Sie</u>?

Hat sie Zeit?
   Sie hat keine Zeit.
   Wir haben auch keine Zeit.

Moment bitte, warten Sie!
Bitte, warten Sie nicht!

Schlafen Sie nicht!
Kommen Sie schnell!! Es geht los.
Ich komme natürlich.
Natürlich, ich komme.

FOLGE 2

1.5

***Das ist ..., hier ist ...
Possessivpronomen: Ihr, mein sein,
ein, kein
keine Zeit haben
Das kostet ...***

Ihre Fahrkarte, bitte!
   Meine Fahrkarte?
Ja, Ihre Fahrkarte.

Hier ist Ihr Geld.
Hier ist Ihre Quittung.
   Danke.

Ist das <u>meine</u> Fahrkarte, oder ist das seine Fahrkarte?

Das ist keine Fahrkarte. Das ist ein Foto.
Das ist keine Frau, das ist ein Mann.

ich und mein
du und dein
er und sein
Sie und Ihr

Das ist eine Kontrolle.
Warten Sie bitte!
Das kostet Geld.
Das kostet 60 Mark.

Haben Sie Geld?
   Er hat kein Geld. Das ist typisch.

Ich habe keine Zeit.
Ich habe heute keine Zeit.
Wir haben keine Zeit. Wir warten nicht.
Er hat auch keine Zeit.
Haben <u>Sie</u> Zeit?

FOLGE 3

**du-Form, ihr-Form
Namen und Wohnort erfragen
Nichtwissen ausdrücken
indirekte Fragesätze
kennen, lieben, suchen
Akkusativ
*(müde, nervös, ...) machen***

Wo ist sie hin?
Sie ist weg.
Sie ist <u>einfach</u> weg.

Was machen wir?
Gehen wir nach Hause? Fragen wir?
   Ja, wir fragen.

   Wir wissen nicht, wo sie wohnt.
   Wir wissen nicht, wie sie heißt.

   Wisst ihr, wie sie heißt?
Nein, das wissen wir nicht.
Wissen Sie, wie sie heißt?
   Nein, das weiß ich nicht.

Wie heißt du?
   Ich heiße Anna.
Und – wie heißt du?
   Ich heiße Sabine.
Wie heißen Sie?
   Mein Name ist Schmidt. Bettina Schmidt.
Und <u>Sie</u>? Wie heißen Sie? Wie ist Ihr Name?

Wo wohnen Sie? In Köln? Hamburg? Leipzig?
   Ich wohne in Berlin.
Und <u>Sie</u>, wo wohnen Sie?

Wohnst du hier?
Wohnst du <u>auch</u> hier?

Kommt ihr? Wir gehen nach Hause!
Kommt ihr?
   Ja, wir kommen.

Was machst du? Was suchst du?
   Ich suche ein Foto.
Wen suchst du? Ich suche meine Frau.

Das ist die Frau die ich suche.
Das ist die Frau, die ich so nett finde.
Das ist die Frau, die ich liebe.

Kennst du sie?
Kennt ihr sie?
Kennen Sie meine Frau?
   Kennen Sie meinen Mann?
   Kennen Sie meine Kinder?

Ich liebe Kinder.
Ich liebe meine Kinder.
Ich liebe meinen Mann.
Ich liebe Sie.
Warum lachen Sie?

Was ist los?
Was hast du?
Was ist?

   Ich weiß es nicht.
   Die Kinder machen mich nervös.
   Warten macht mich nervös.
   Laufen macht mich müde.
   Klassische Musik macht mich melancholisch.
Das macht Sie sympathisch.

FOLGE 4

vielleicht, natürlich, schon wieder (in Position 1)
endlich am Satzende
Aufforderungen

Warten Sie, ich habe eine Idee!
Kommen Sie!
Öffnen wir den Brief!
Lesen wir ihn!
Gehen wir in den Park!

Dort gibt es sicher eine Bank.
Dort sieht er uns sicher nicht.

Vielleicht wohnt er dort.
Vielleicht sehen wir ihn.
Vielleicht, vielleicht auch nicht.

Natürlich wohnt er da.
Natürlich finden wir ihn.

Sie wartet draußen.
Sie geht nervös hin und her.
Sie klingelt.
Er öffnet die Tür.

   Da sind Sie ja endlich!
   Da bist du ja endlich!
   Da bist du ja wieder!

Schon wieder ein Polizist!
Schon wieder eine Kontrolle!
Schon wieder Post!
Schon wieder Arbeit!

Sie sehen doch, das ist der Postbote!
Sie sehen doch, ich habe keine Zeit!
Sie sehen doch, ich habe Arbeit!

   Sehen Sie, das ist ganz normal!

FOLGE 5

1.11

Personalpronomen im Akkusativ
für + Akkusativ
Aufforderungen in der *Sie*-Form
trennbare Verben *(ein*steigen, *ab*holen, *weg*fahren,
*zurück*kommen)
viel/wenig Zeit haben

Sie kennen uns, und wir kennen Sie.
Ich kenne dich, und du kennst mich.
Sie kennt ihn, und er kennt sie.

Er hat einen Pass für Sie.
Der Brief, ist der für dich oder für mich?
Das Geld ist für euch.
   Für uns? Das ist aber viel!

Das ist Egoismus: ich für mich,
                  du für dich,
                  wir für uns,
                  und ihr für euch.

Unser Projekt läuft sehr gut.
Unsere Chancen sind nicht schlecht.
Keine Angst, das geht gut.

Nehmen Sie den Zug nach Berlin!
Steigen Sie schnell ein!
Warten Sie auf mich, gehen Sie nicht weg!
Ich hole Sie ab.

Wann fährst du? Wann kommst du zurück?
Wann gehst du weg? Wann kommst du wieder zurück?
   Ich komme schnell zurück.

Ihren Pass bitte!
   Ich habe keinen Pass, ich habe nur einen
   Personalausweis;
Tut mir Leid, ohne Pass kommen Sie nicht durch die
Kontrolle.

Er wartet bis 10 Uhr.
Ich arbeite bis 8 Uhr.
Ich arbeite immer bis 8.
Ich habe wenig Zeit.
Hast du viel Zeit?
   Ich habe auch nur wenig Zeit.
   Aber das macht nichts.

FOLGE 6

1.13

Nicht-Verstehen äußern
indirekte Fragesätze
nach der Herkunft fragen
etwas/nichts haben gegen
vorsichtig sein

Das verstehe ich nicht.
Verstehen Sie das?
   Fragen Sie mich nicht, ich versteh' das auch nicht.
Wie bitte, ich versteh' das nicht.
Ich verstehe den Brief nicht.
Ich verstehe den Satz nicht.
   Und ich verstehe dieses Wort nicht.

Was will sie?
Wohin fährt sie?
Was macht sie dort?
<u>Wann</u> kommt sie zurück?

Fragen Sie mich nicht. Ich weiß es nicht.
Ich weiß nicht, was sie will.
Ich weiß nicht, wohin sie fährt.
Ich weiß nicht, was sie dort macht,
und ich weiß auch nicht, wann sie zurückkommt.

Woher kommt der Brief?
    Er kommt aus Amerika.
Woher kommen Sie?
    Ich komme aus Italien.
Und Sie, woher kommen Sie?
    Ich komme aus Hongkong.

Er ist Ausländer. Er ist Italiener.
    Sie ist sicher Ausländerin. Dieser Name ist doch nicht
    deutsch.

Warum sagst du das?
Ich <u>habe</u> nichts gegen Ausländer.
Ich <u>habe</u> etwas gegen Leute mit viel Geld.
Und Sie, haben Sie etwas gegen ...?
<u>Ich</u> habe nichts gegen Geld.
<u>Ich</u> habe etwas gegen Arbeit.

Seien Sie vorsichtig. Das ist gefährlich.
<u>Fahren</u> Sie nicht so schnell. Fahren Sie <u>vorsichtig</u>.

⊙ FOLGE 7

1.16

(keine) Lust haben, eine Idee haben
Ich will endlich ...
jemanden begrüßen, sich am Telefon melden
euer und Wiederholung aller Possessivartikel
war, hatte

Ich habe keine Lust mehr.
Ich habe einfach keine Lust mehr. Hast du Lust?
    Ja, ich habe Lust.

Gehen wir nach Hause!
Machen wir weiter!
He, wachen Sie auf!

Ich will endlich nach Hause gehen.
Ich will endlich etwas essen.
Ich will endlich schlafen!

Das ist keine gute Idee.
Das ist eine gute Idee.
Hast du eine Idee?

Wir waren gut!
Wir hatten Glück!
Wir hatten Erfolg!

Gestern war sie dunkel, heute ist sie blond.
Gestern war ich müde, heute habe ich keine Lust.
Gestern hatte ich einfach keinen Hunger,
und ich hatte einfach keine Lust.

Was machen eure Pläne?

Was macht euer Projekt?
Was machen eure Kinder?

Ihr habt nur eure Probleme im Kopf!
<u>Ich</u> habe nur <u>meine</u> Probleme im Kopf.
du – deine
er – seine
sie – ihre
wir – unsere
ihr – eure
und Sie <u>Ihre</u>.
    Das ist nicht gut so.
    Aber das ist nicht meine Sache.

Hallo, ich bin's.
<u>Ich</u> bin's, <u>Sabine</u>.

Guten Tag, hier spricht Sabine Wagner.
Sabine Wagner am Apparat.

Ich mach' jetzt Schluss.
Ich rufe dich wieder an.
Auf Wiederhören!

Hallo, wie geht's?
    Danke, gut.
Guten Tag. Wie geht's?
Guten Morgen. Wie geht's?
    Sehr gut, danke.

Gute Nacht. Schlaf gut.
Gute Nacht. Schlafen Sie gut.

FOLGE 8

1

jeder, jedes, jede
Es wird dunkel/hell/warm.
plötzlich (in Position 1)
ohne
... aussehen
Angst haben
einem Taxi den Weg angeben

Hier kenne ich jedes Haus, jede Straße, jede Ecke.
Nicht jedes Haus hat einen Aufzug.

Der Zug fährt und fährt ... ich laufe und laufe ... Ich arbeite
und arbeite ... Er ruft und ruft ...

Es wird dunkel.
Es wird hell.
Es wird kalt.
Es wird warm,
Und ich werde alt.

Der Korridor ist lang und dunkel.
Mein Koffer ist groß und schwer.

Plötzlich geht das Licht aus.
Plötzlich geht das Licht wieder an.
Plötzlich geht die Tür auf.

Ich habe Angst!
Hast du keine Angst?
Haben Sie keine Angst?

Ich bin ganz allein.
Ohne Geld, ohne Hilfe.

Du sagst kein Wort.
Warum sagst du nichts?

Die Männer sehen gefährlich aus.
    Ich finde, sie sehen nicht gefährlich aus.
Wie klein sie aussieht!
Wie phantastisch sie aussieht!

Wie viele Stunden fahren wir schon?
    Die ganze Nacht.
Wie viele Stunden arbeitest du schon?
    Zwei, drei Stunden.

Taxi, zur Wagnerstrasse, bitte!
Hier wohne ich. Halten Sie bitte.

Taxi, zum Bahnhof, bitte.
Halt, das ist hier.
Verdammt, das ist nicht hier.

FOLGE 9

Perfektformen (gruppiert nach Formen)
alle/alles
ohne
Es geht um

Ich habe, du hast, wir haben
gewartet
gearbeitet
nichts gesagt
alles gewusst
gedacht
geträumt

Wir haben:
Briefe geschrieben,
alles gesehen,
nichts gestohlen.
Es hat Probleme gegeben.

Wir sind
eingeschlafen
und um halb zwei wieder aufgewacht.

Wir sind
gefahren,
gelaufen,
gefallen.
Wir sind nicht vorsichtig gewesen.

Alles ist gut gelaufen.
Jetzt wissen wir alles.
Ich weiß alles über ihn.
Ich kenne alle seine Probleme.

Für Sie ist das Perfekt doch kein Problem.
    Für Sie vielleicht ja,
    für uns – als Ausländer – sieht die Sache anders
    aus.
Ohne Hilfe, ohne Konzentration, ohne Arbeiten, ohne
Üben haben wir keine Chance.

Es geht um Millionen.
Es geht um ein Projekt.
Es geht um eine Frau.

Personalpronomen im Dativ
schmecken, geben, danken **(mit Dativ)**
Bedauern ausdrücken,
Dank sagen,
fragen, ob das Essen schmeckt
(nicht) genug von
(nicht) Recht haben
schon, noch

Das Brot schmeckt mir nicht.
Schmeckt es dir?
Das Essen hier schmeckt nicht.
Schmeckt es Ihnen?
    Mir schmeckt es gut.
    Mir schmeckt es sehr gut.

Geben Sie mir bitte noch eine Tasse Kaffee!
Gibst du mir bitte noch etwas Brot?
Geben wir ihm noch eine Chance!

Tut mir Leid, ich habe keinen Kaffee mehr.
Es tut mir Leid, aber ich habe im Moment keine Zeit.
Er hat keine Zeit. Es tut ihm sehr Leid.

Ich danke Ihnen.
Ich danke Ihnen für Ihre Mühe.
Ich danke dir.
Sie dankt ihm.
Wir danken euch für alles.

Vielleicht haben Sie Recht.
Du hast Recht.
Er hat einfach nicht Recht.

Immer gibt es zu wenig Tee!
Das hat zu lange gekocht!
Vielleicht habe ich zu wenig geschlafen.

Sicher wartet sie schon.
Ich habe ihr schon geschrieben.
Wir haben schon gefrühstückt.
So ist es schon viel besser!

Ihre Küche ist ihm nicht gut genug.
Das geht mir nicht schnell genug!
Ist das gut genug?
Ist das nicht zu wenig?
    Nein, das ist genug!

Ich habe genug von Ihrer Arroganz.
Wir haben genug von Ihrer Grammatik.

Personalpronomen und Artikel im Dativ
egal sein, etwas/nichts sein für
gefallen, erklären, zeigen, fehlen, schenken
aussehen wie
wie-Satz, wenn-Satz

Heute tun wir nichts. Gar nichts.
Heute tue ich gar nichts.
Heute ist mir alles egal.
Ist Ihnen auch alles egal?

Die Kinder sind mir zu laut.
Die Schaufel ist mir zu schwer.
Ist dir das nicht zu schwer?
Das ist uns zu kompliziert.

Ich zeige euch, wie man einen Schneemann baut.
Zeig mir bitte, wie man das macht.
Erklär mir bitte, wie das geht.

Gefällt er euch?
Wie gefällt er euch?
Der Hut gefällt mir.
Schenkst du ihn mir?

Er sieht gut aus.
Er sieht phantastisch aus!
Er sieht aus wie du.
Er sieht aus wie sein Bruder.

Rauchen ist nichts für Kinder.
Zigaretten sind nichts für Kinder.
Schnee ist etwas für Kinder.
Das ist aber nichts für mich.

Dem Schneemann fehlt eine Nase.
Dem Jungen fehlt eine Schwester.
Der Frau fehlt Charme.

Ich schenke dir meinen Hut, wenn du mir deinen schenkst.
Ich sage es dir, wenn du es mir auch sagst.
Wir schreiben dir, wenn du uns auch schreibst.

etwas gern machen
wollen, können, müssen
wahrscheinlich, hoffentlich, eigentlich
(in verschiedenen Positionen)
schrecklich **(Verstärkung)**
jemandem das Du anbieten
jemandem sympathisch sein

Er geht nicht gern spazieren.
Er fährt nicht gern U-Bahn.
Er wartet nicht gern.
    Das ist typisch für ihn.

Ich verreise gern.
Ich fahre gern ins Ausland.
Und Sie, was machen Sie gern?

Ich will verreisen –
    nach Teneriffa fahren.
Ich will nichts tun –
    träumen.
Wir wollen verreisen, aber wir können nicht.
Wir haben kein Geld.

Du willst nicht, aber du musst.
Du kannst machen, was du willst.
Mach doch, was du willst! (ärgerlich)

Ich kann nicht kommen, ich muss einen Bericht schreiben.
Wir können nicht weg, wir müssen arbeiten.

Könnt ihr kommen, oder müsst ihr arbeiten?

Sag ihm bitte, es muss schnell gehen!
Mach schnell, wir müssen gehen.

Kannst du mir zwanzig Mark geben? Können Sie mir helfen? Ich kann ihnen leider nicht helfen.
    Da kann man nichts machen.
Es kann sein, dass er Recht hat.

Wollen wir uns nicht duzen?
Sagen Sie doch du zu mir.
Er duzt mich, aber ich sieze ihn.

Bin ich Ihnen unsympathisch?
Er ist mir nicht sympathisch.
Sie ist mir sehr sympathisch.

Immer ich!
Immer wir!
Immer du!

Er ist schrecklich unvorsichtig.
Ich finde das schrecklich gefährlich.
Ich verreise schrecklich gern.

Wahrscheinlich ist er schon bei ihr.
Sie kommt wahrscheinlich. Aber ich bin nicht sicher.
Wahrscheinlich kommt sie.

Hoffentlich hat er ein Fernglas mitgenommen.
Hoffentlich kann er sie sehen.

Eigentlich interessiert er sich nicht für seine Arbeit.
Ich mache es, aber eigentlich habe ich keine Zeit.
Ich finde das eigentlich ganz normal.

erst spät, endlich
besonders, gar nicht
sehen/kommen ... können
neben/am/aus dem Fenster
an-/ausziehen, an-/ausmachen
etwas Kleines, etwas Großes

Sie ist erst spät zurückgekommen.
Sie ist <u>erst spät am Abend</u> nach Hause gekommen.
Erst um Mitternacht.
Ich kann leider erst spät am Abend da sein.

Endlich macht sie Licht.
Um Mitternacht ist er endlich gegangen.
Endlich bin ich allein.

Da seid ihr ja endlich!

Hast du sie sehen können?
    Ich habe nicht genau sehen können, was sie
    machen.
    Ich habe nichts sehen können.
Entschuldige, ich habe leider nicht früher kommen können.
Ich habe gewartet, hast du nicht anrufen können!

Er steht rechts neben ihr. Sie steht links neben ihm.
Er wohnt direkt neben ihr.
Sie steht einen Moment <u>am</u> Fenster.
Sie schaut <u>aus</u> dem Fenster und lächelt.

In diesem Moment geht das Licht aus.
Es ist zu dunkel in der Wohnung, mach bitte das Licht an.

Plötzlich zieht er die Jacke aus.
Ist dir nicht zu kalt? Zieh doch deine Jacke an!

Ich kann dir gar nicht sagen, wie unangenehm mir das ist.
Ich kann das gar nicht glauben.

Es war nicht besonders groß.
Es war nicht besonders interessant.
Er ist mir nicht besonders sympathisch.

Etwas Kleines, etwas Großes?
Nichts Interessantes, nichts Besonderes.

Für mich ist und bleibt sie eine wunderbare Frau.
Für mich ist und bleibt das alles mysteriös.
    Das habe ich mir fast gedacht.

FOLGE 14

möchte, sollen, dürfen
endlich mal
denken an; nicht einsehen, warum
das Interesse an, das Besondere an
eine nach der anderen

Ich möchte endlich einmal gut essen gehen.
Ich möchte endlich einmal nichts arbeiten.
Sie möchte endlich mal allein sein.

Das geht nicht. Das dürfen wir nicht machen.
Das ist nicht gut so. Das darfst du nicht machen.

Sie wissen nicht, was sie tun sollen.
Was sollen wir tun?
Was soll ich tun? Hast du eine Idee?

Du sollst nicht soviel arbeiten. Das ist nicht gut für dich.
Du sollst mehr schlafen.

Ich sehe nicht ein, warum ich so viel arbeiten soll.
Sie sieht nicht ein, warum sie dafür zahlen soll.
Ich sehe nicht ein, warum ich das machen soll.

    Lassen wir es doch einfach bleiben.
    Machen wir etwas anderes.

Du musst an unsere Leser denken!
Du musst an dich denken!
Sie müssen an Ihre Kinder denken!

Ich kenne ein Restaurant, das sehr gut sein soll.
Ich habe gehört, das Buch soll sehr gut sein.
Der Film soll sehr schön sein. Stimmt das?

Das ist doch das Schöne am Schreiben!
Das ist das Interessante an diesem Roman.
Das ist das Besondere an der Sache.

Er sagt eine Lüge nach der anderen.
Er raucht eine Zigarette nach der anderen.
Sie hat ein Problem nach dem anderen.

    Das ist auch kein Wunder!

FOLGE 15

2.4

mögen
lieber gleich (nichts) machen
nie
Probleme haben mit
kein Wunder, dass ...
noch (lange) nicht alles
es sich einfach machen
auf Deutsch

Ich mag Deutsch.
Aber ich mag diese Präpositionen nicht.
Ich mag Sport, aber Laufen mag ich nicht.
Ich mag diese Leute nicht.
    Ich mag sie.

Das Wetter ist schlecht. Da bleibe ich lieber gleich zu
Hause.
Ich habe wenig Zeit. Da mache ich lieber gleich nichts.
Das lerne ich nie. Das versuche ich lieber gleich gar nicht.

Das habe ich nie geglaubt.
Das war nie ein Problem!
Das war nie eine Frage!
Man kann das nie wissen.

Sie haben Probleme mit ihrer Chefin.
Ich habe Probleme mit den Präpositionen.
Ich hatte noch nie Probleme mit Geld.

Kein Wunder, dass er so nervös ist!
Sie macht ihre Hausaufgaben nicht. Kein Wunder, dass sie
die Präpositionen nicht lernt.
Sie schläft sehr wenig. Kein Wunder, dass sie so müde ist.

Das ist noch nicht alles.
Das ist noch lange nicht alles.
Wir haben noch lange nicht alles verstanden.
Ich habe noch lange nicht alles von dem Autor
gelesen.

So einfach macht man es den Ausländern nicht.
So einfach mache ich es mir nicht.
Er macht es sich immer sehr einfach.

Wie heißt das auf Deutsch?
Ich weiß nicht, was das auf Deutsch heißt.
    Auf Deutsch heißt das ...

FOLGE 16

2.7

Bestellen im Restaurant
Genitiv des Possessivartikels
am Ende des/der ...
die/das Beste von ...
sich etwas ansehen
vor einer Minute/einem Jahr

Im Restaurant:

Bringen Sie uns bitte die Karte!
Wir möchten bestellen.
    Was möchten Sie trinken?
    Was möchten Sie essen?
Ich möchte ein Bier.
Ich möchte ein Mineralwasser.
Ich nehme eine Pastete.
Und ich nehme nur einen Salat.

Wir möchten zahlen. Bringen Sie uns bitte die Rechnung.

Unsere Pastete ist die beste von ganz Berlin.
Unser Restaurant ist das beste von ganz Berlin.

Das ist doch das Geld der Firma.
Das ist doch die Frau deiner Träume.
Den Mann meiner Träume gibt es nicht.

Am Ende des Monats kommt Geld rein.
Am Ende der Woche fahre ich zurück.
Am Ende des Tages bin ich müde.

Ich möchte mir ihren Tisch ansehen.
Ich möchte mir ihr Haus ansehen.
Der Film ist gut. Den möchte ich mir ansehen.
Das Buch, kann ich mir das ansehen?

Das hast du doch vor einer Minute selbst gesagt!
Hast du das vor einer Woche nicht selbst gesagt?

Ich habe da so eine Ahnung!
Glück muss der Mensch haben!

 FOLGE 17

2.9

Präteritum: *sah, fand, nahm sollte, wollte, konnte, wusste*
sehen, wie jemand etwas macht
nichts zu tun haben wollen mit
in Frage kommen, zur Sache kommen
auf eine Idee kommen
bitten um
nur, wenn ...
Relativsatz

Ich sah genau, wie es passierte.
Ich sah, wie er die Tasche wegnahm.
Ich fand, dass alles sehr schnell ging.

Was sollte ich tun?
Ich konnte nicht schnell genug reagieren.
Ich wusste nicht, was ich tun sollte.

Wir wollten sie anrufen.
Wir konnten leider nicht anrufen, wir hatten die Nummer nicht.

Wir wollen nichts mit der Polizei zu tun haben.
Wir wollen nichts mit der Sache zu tun haben.
Damit will ich nichts zu tun haben. Das ist mir zu gefährlich.
    Ich finde ihn unsympathisch. Ich will nichts mit
    ihm zu tun haben.

Sind Sie nervös?
    Aber nein, wie kommen Sie auf diese Idee?
Hattest du Angst?
    Wie kommst du auf diese Idee?
    Wie kommst du darauf?

Das kommt gar nicht in Frage.
Kommen wir zur Sache.

Ich möchte Sie um ein kleines Trinkgeld bitten.
Ich möchte Sie um Ihre Hilfe bitten.
Kann ich Sie um etwas bitten?

Nur, wenn er seinen Namen sagt.
Ich mache das nur, wenn du mir hilfst.
Ich komme nur, wenn du es möchtest.

Ich kenne die Dame, der die Tasche gehört.
Ich kenne den Herrn, dem die Tasche gehört.

Jetzt wird mir manches klar!

FOLGE 18

2

jemandem Leid tun
sich Sorgen machen, sich freuen, sich ärgern über
sich vorstellen, sich interessieren für, sich beeilen
sich etwas erklären, sich etwas leisten können
dabei haben
ebenso
vollkommen (Verstärkung)
mit–, gegeneinander
überhaupt

Was haben die beiden nur?
Sie sehen so traurig aus.

Sie sehen so traurig aus.
Sie tun uns Leid.
Sie tun uns wirklich Leid.
Deine Situation ist unangenehm. Du tust mir Leid.
Er tut mir Leid, er hat so viele Probleme.

Sie machen sich Sorgen.
Machen Sie sich keine Sorgen.
Mach dir keine Sorgen. Das geht vorbei.
    Ich mache mir keine Sorgen.

Wir glauben kaum, dass Sie sich freuen.
Warum freuen Sie sich nicht?
    Wir freuen uns doch!
Ich freue mich, dass du dich freust.

Sie hat sich über Sie geärgert.
Es ist mir egal, ob sie sich ärgert.
Warum ärgerst du dich? Ärgere dich nicht.
Ich ärgere mich doch nicht.

Wie erklären Sie sich ihre Reisen?
Wie erklären Sie sich das?
Das kann ich mir nicht erklären.

Wir stellen uns vor, dass sie miteinander reden.
Kannst du dir das vorstellen?
Ich kann mir das kaum vorstellen.

Die meisten Leute interessieren sich nicht für andere.
Warum interessiert er sich nur für diese Frau?
Warum interessiert er sich so wenig für seine Arbeit?

Wie höflich sie sind!
Wie nett sie sind!
Wie sympathisch sie sind!

Sie sind ebenso höflich,
ebenso nett
und ebenso sympathisch wie wir.

Eine vollkommen normale Firma!
Eine vollkommen normale Sache.
Das ist doch vollkommen normal!

Sie reden miteinander.
Wir wollen doch nicht gegeneinander arbeiten!
Wir sollten einander helfen!

Ich habe das Geld dabei.
Ich habe kein Geld dabei. Ich habe es vergessen.
Hast du Geld dabei?

Sie können sich kein Ticket leisten. Die Firma zahlt nicht.
Das kostet zuviel. Das kann ich mir nicht leisten.

Sie müssen sich beeilen!
Kommen Sie, wir müssen uns beeilen.
Ich gehe, ich muss mich beeilen.
Geht, ihr müsst euch beeilen.

Woher wissen Sie überhaupt, wie ich heiße?
Woher weißt du überhaupt, dass ich das gesagt habe?
Woher sind Sie überhaupt so gut informiert?

Woher haben Sie soviel Geld, wenn ich fragen darf?
Sie wollen zuviel auf einmal wissen.
Das geht Sie nichts an. Das geht Sie gar nichts an!
Natürlich geht uns das etwas an.

2.14

sich Illusionen machen
über (= mehr als)
Das ist mir zu ...
lassen, brauchen
kein Grund zu ...
ganz egal sein
ob-Satz, wenn-Satz, weil-Satz
nicht einmal, längst

Du machst dir Illusionen.
Mach dir keine Illusionen, das wird nie anders.
Wir machen uns absolut keine Illusionen.

Das sind ja über tausend Mark.
Es waren über hundert Leute da.

Mir ist die Sache zu riskant.
Mir ist das zu wenig seriös.
Mir ist das zu viel.
Ist dir das nicht zu viel?

Sie lässt uns verhungern.
Sie lässt uns warten.
Bitte lass mich nicht wieder so lange warten.

Er braucht mich, und ich brauche ihn.
Wir brauchen einander.
Für dieses Projekt brauchen wir viel Zeit,
und wir brauchen viel Glück.

Das ist kein Grund, sich zu streiten.
Du hast keinen Grund, traurig zu sein.
Sie haben keinen Grund, pessimistisch zu sein.
Sie haben Grund, sich zu freuen.

Ob wir uns duzen oder siezen, das ist mir ganz egal.
Ob wir fahren oder nicht fahren, das ist mir ganz egal.
Mir ist ganz egal, ob du wütend bist oder nicht.

Wenn du so weitermachst, sieze ich dich wieder.
Wenn du so weitermachst, bekommst du Probleme.

Warum denn?
Weil wir seine Pläne nicht kennen.
Weil wir nicht einmal wissen, wie er heißt.
Weil mir das zu riskant ist.

Wir wissen nicht einmal, wie er heißt.
Er hat sich nicht einmal vorgestellt.
Ich habe nicht einmal nach seinem Namen gefragt.

Sie hat uns längst vergessen.
Das macht nichts, ich hatte das längst vergessen.
Das ist längst vorbei.

Adjektive ohne Kasussignal
nominalisierte und attributive Adjektive

Der Dicke mit dem Dünnen,
der Kleine mit dem Großen,
der Erste mit dem Letzten,
der Erste und der Letzte.

Die Große ohne die Kleine,
die Große mit der Kleinen,
die Blonde mit der Dunklen,
die Sympathische und die Unsympathische.

Das Gute und das Schlechte,
das Richtige und das Falsche,
das Besondere und das Banale.

Das Mögliche mit dem Unmöglichen,
das Angenehme mit dem Unangenehmen,
das Leichte mit dem Schweren.

Ich wünsche dir einen schönen Abend,
eine schöne Reise und eine schöne Fahrt.

In diesem Jahr war alles ganz normal.
Wir hatten einen wunderschönen Frühling,
einen warmen Sommer,
einen sonnigen Herbst
und einen kalten Winter.

Er macht gern Komplimente:
Du bist eine wunderbare Frau.
Du hast einen schönen Namen.
Du hast einen schönen Akzent.
Ich mag keine falschen Komplimente.

Das ist angenehm:
eine schöne Geschichte mit einem glücklichen Ende,
eine Frau mit einem schönen Gesicht,
eine Nacht mit einem schönen Traum,
eine Diskussion in einer angenehmen Atmosphäre.

ein-, zweimal
an der Reihe sein, an die Reihe kommen
nach Zugzeiten, nach Verspätung fragen
nächste, letzte
mindestens
keine Lust haben zu
eben (temporal)
hier steht

Zweimal nach Frankfurt, bitte.
Einmal nach Berlin, bitte, hin und zurück.

Sie sind noch nicht an der Reihe.
Warten Sie bitte, bis Sie an die Reihe kommen.
Einen Moment bitte, <u>ich</u> bin an der Reihe.

Wann geht die nächste Maschine nach Frankfurt, bitte?
Wann gehen heute noch Züge nach Berlin?
Bitte, wann fährt werktags der letzte Zug nach Berlin?

Ist die Maschine pünktlich, oder hat sie Verspätung?
Sie hat Verspätung.
Wie viel Verspätung hat sie?
Entschuldige bitte, dass ich so spät komme.
Mein Zug hatte eine Stunde Verspätung.

Sie sollten mindestens eine Stunde früher am Flughafen
sein.
Du solltest täglich mindestens eine halbe Stunde Sport
machen.
Ich brauche täglich mindestens acht Stunden
Schlaf.

Ich habe keine Lust, stundenlang zu warten.
Ich habe Lust zu verreisen.
Hast du Lust mitzukommen?
Ich habe große Lust zu fliegen. Hast du auch Lust dazu?
Nein, dazu habe ich absolut keine Lust.

Ich sehe eben, hier sind noch zwei Plätze frei.
Ich höre eben, dass er nicht mitkommen kann. Schade.

Wussten Sie das schon?
Ja, das habe ich eben gelesen.

Hier steht doch, dass die Maschine Verspätung hat.
In dem Artikel steht genau, was passiert ist.
In dem Buch steht nichts Neues.

nie, wieder, wieder einmal
Was ist das denn für ein …!
Adjektive vor dem Nomen
Partizip Präsens

Nie wieder!
Ich fliege nie wieder mit dieser Fluggesellschaft.
Wir kommen nie wieder hierher!
Bitte, tu das nie wieder!

Wieder einmal!
Er hat wieder einmal keine Ahnung.
Sie hat wieder einmal etwas gesagt und nicht gemacht.
Da habe ich wieder einmal großes Glück gehabt.

Was ist denn das für ein Service!
Was ist denn das für eine Idee!
Was ist denn das für ein Typ!

vor ihm links
vor ihm am Fenster
auf der linken Seite
in der dritten Reihe

Der kleine Herr mit dem schwarzen Hut.
Die große Dame mit der dunklen Brille.
Die glückliche Mutter mit dem schlafenden Kind.
Der arme Vater mit dem schreienden Jungen.

Schreiend regelt man keine Probleme.
Lächelnd geht alles besser.

Worum, worüber, worauf, woran
warten auf, helfen bei, denken an
etwas/nichts verstehen von; etwas tun für, gehen um
alles, was ...; genau das, was ...
Adjektive mit Kasussignal

Worüber unterhalten Sie sich?
Worum geht es hier?
Woran denken Sie?
Worauf warten Sie?

Worauf wartest du noch?!
Worauf warten Sie?
    Ich warte auf ein Taxi.
Auf wen warten Sie?
    Auf niemand.
    Ich warte darauf, dass endlich ein Taxi kommt.

Kann ich Ihnen dabei helfen?
    Nein danke, dabei können Sie mir nicht helfen.
Sagen Sie mir, wobei kann ich Ihnen helfen?

Was kann ich für Sie tun?
Kann ich etwas für Sie tun?
    Danke, ich glaube, Sie können nichts für mich tun.

Woran denkst du?
    Ich denke ans Geld.
Immer denkst du ans Geld!
Denk doch nicht immer daran.

Davon verstehe ich nichts.
Ich verstehe nichts von Autos.
Verstehst du etwas davon?

Worum geht es hier?
Worum geht es in dieser Diskussion?
    Es geht um einen Film.
    Es geht um einen Professor.

Alles, was wir sagen, steht im Text.
Alles, was wir lernen, steht im Buch.
Alles, was wir machen, machen wir gern.

Wir machen genau das, was wir sonst machen.
Er macht genau das, was er möchte.
Ich sage genau das, was ich denke.

Ein Frühlingstag mit phantastischem Wetter.
Ein Flughafen mit eiligen Passagieren.
Zwei Passagiere mit kleinen Koffern in der Hand.
Eine kleine Straße ohne starken Verkehr.
Ein elegantes Hotel mit großem Park.
Ein großer Park mit alten Bäumen.

Sie hat eine Vorliebe
    für gutes Essen,
    für angenehme Hotels,
    für charmante Männer.

Er ist ein guter Freund von mir.
Er ist ein lieber Mensch.
Er ist ein interessanter Mann.

Das ist ein enormes Risiko.
Das ist ein gutes Geschäft.
Das nimmt kein gutes Ende.

Das ist eine gute Lösung.
Das ist eine gute Idee.

Ich habe großen Hunger,
    große Lust,
    schreckliche Angst.
Ich habe großes Interesse an der Sache.

Plusquamperfekt
sich etwas einfach/schwer vorstellen
sich vorkommen wie
stolz sein auf
der-, das-, dieselbe
etwas vergessen können
warten bis
wenn-Satz (temporal und konditional)

Sie hatten sich die Sache zu einfach vorgestellt.
Ich hatte mir das nicht so schwer vorgestellt.
Hattest du dir das so einfach vorgestellt?

Sie kamen sich vor wie zwei professionelle Agenten.
Sie kamen sich vor wie Touristen.
Wir kamen uns komisch vor.
Ich kam mir fremd vor.

Die beiden waren stolz auf ihre Idee.
Ich bin sehr stolz auf meine Kinder!
Ich bin stolz darauf, dass ich alles verstehe.

Sie wohnt im selben Hotel wie wir.
    In demselben Hotel?
Ich möchte mit derselben Maschine fliegen wie du.
Er hatte dieselbe Idee wie ich.
Ich habe dasselbe Problem wie Sie.

Ohne die Kassette können wir die Sache vergessen.
Ohne ihn können wir das Projekt vergessen.

Wir warten, bis sie schwimmen geht.
Warte bitte, bis ich komme.
Warten Sie bitte so lange, bis ich wiederkomme.

    Na ja, wenn du meinst!
    Wenn es sonst nichts ist!

Na schön, wenn du so ängstlich bist, dann mache ich es.
    Wenn du zu faul bist, dann mache ich es.
    Wenn du so aufgeregt bist, dann funktioniert das nie.

Wenn ich Zeit habe, höre ich mir in aller Ruhe Musik an.
Wenn der Swimmingpool leer ist, gehe ich schwimmen.
Wenn ich schlafe, merke ich nichts.

Folge 1

1 z.B.: **a)** Ich glaube, die beiden Männer sind Kollegen.   **b)** Ich denke, sie warten auf die U-Bahn.
c) Wahrscheinlich suchen sie eine Frau.   **d)** Der eine Mann ist vielleicht müde.   **e)** Der andere Mann
hat ein Foto. **f)** Vielleicht sprechen sie über die Frau.   **g)** Plötzlich sieht der eine Mann die Frau (, die sie
suchen).   **h)** Er ist sehr nervös. / Er zeigt sie. / Der andere Mann sieht sie nicht. / ...
2 z.B.: **a)** 2, 3;   **b)** 1;   **c)** 1, 3;   **d)** 1, 3;   **e)** 3;   **f)** 2, 3   **g)** 1, 2
3 **a)** R;   **b)** F;   **c)** F;   **d)** R;   **e)** R/?;   **f)** R;   **g)** R;   **h)** R/?
4 **a)** Schlock;   **b)** Gröger;   **c)** Schlock;   **d)** Schlock;   **e)** Gröger;   **f)** rechts – blond;   **g)** links – dunkel
5 z.B.: **a)** ...   **b)** sonderbar – arrogant – gefährlich – ein Biest   **c)** wunderbar   **d)** warten – die Frau
kommt – der Zug / die U-Bahn kommt   **e)** dunkel – nicht blond   **f)** steigt ein   **g)** steigen auch ein
z.B.: Die beiden Männer warten schon lange. Sie suchen eine Frau. Sie haben ein Foto. Die Frau auf dem
Foto ist blond. Sie lächelt. Die beiden Männer sind nervös. Plötzlich kommt eine Frau. Aber sie ist dunkel.
Ist das die Frau, die sie suchen? Ein Zug / Eine U-Bahn kommt. Die Frau steigt ein. Gröger und Schlock
steigen auch ein.

Folge 2

1 **a)** Zwei Männer warten in der U-Bahn–Station.   **b)** Sie sind nicht müde, sondern sie sind nervös.
c) Der eine heißt Schlock und der andere heißt Gröger.   **d)** Sie suchen eine Frau.   **e)** Sie haben ein Foto.
f) Die Frau auf dem Foto ist blond und sie lächelt.   **g)** Sie heißt Zaza.   **h)** Die Männer diskutieren über
die Frau.   **i)** Gröger findet sie sonderbar und gefährlich.   **j)** Plötzlich kommt eine Frau, ...   **k)** aber sie ist
nicht blond sondern dunkel.   **l)** Ist das wirklich die Frau, die sie suchen?   **m)** Sie wissen es nicht!
2 **a)** „Machen Sie schnell!"   **b)** „Schlafen Sie nicht!   **c)** „Öffnen Sie die Tür!"   **d)** „Steigen Sie endlich
ein!"
3 **c)** x;   **f)** x oder   **g)** x
4 z.B.: **a)** ... / Er macht eine Kontrolle.   **b)** Gröger.   **c)** Schlock.   **d)** Er findet das typisch.   **e)** 60 Mark.
f) Eine Quittung.   **g)** Zaza / Die Frau steigt aus.
5 **a)** 3;   **b)** 5;   **c)** 2;   **d)** 6;   **e)** 7;   **f)** 8;   **g)** 1;   **h)** 4
z.B.: **b)** ... Wie finden Sie die Frau?   **c)** Woher haben Sie das Foto?   **d)** Ist Ihr Kollege sympathisch?
e) Finden Sie die Arbeit interessant?   **f)** Warum suchen Sie die Frau? Warum sind Sie so nervös?

Folge 3

1 z.B. **A:** ... Wohnen Sie hier? Woher kommen Sie? Was machen Sie hier? Suchen Sie etwas/jemand?/
B: ... Seid ihr Detektive? Warum seht ihr so komisch aus? Was wollt ihr hier? Sucht ihr etwas/jemanden?
Warum fragt ihr nicht die Polizisten? / **C:** ... Wir sind fremd hier. Wir suchen eine Frau. Das ist ihr Foto.
Kennen Sie diese Frau vielleicht? Wissen Sie, ob sie hier wohnt? Es ist eine Freundin. Wir wollen sie finden.
2 **1:** g;   **2:** a;   **3:** k;   **4:** h;   **5:** c;   **6:** b;   **7:** i;   **8:** f;   **9:** l;   **10:** d;   **11:** j;   **12:** e
3 **a)** (Ja);   **b)** Nein;   **c)** Nein;   **d)** (Ja);   **e)** Ja;   **f)** Ja;   **g)** Nein;   **h)** Ja;   **i)** Ja;   **j)** Nein
4 Schlock: *„Ich liebe..."* Argumente, z.B.: ... Sie spielen gern. Sie haben viel Temperament. Sie haben immer
neue Ideen. (Sie machen meinen Kollegen nervös! Sie lieben Kontakte.)
Gröger: *„Biester ..."* Argumente, z.B.: Sie machen immer Lärm. Sie zeigen keinen Respekt. Sie laufen
immer hin und her. Sie sind unhöflich. Sie machen viele Dummheiten. (Sie lachen über erwachsene
Personen. Sie machen mich nervös.)
5 **a)** Sie;   **b)** du/ihr;   **c)** zuerst „Sie", dann „ihr";   **d)** Sie;   **e)** Sie;   **f)** du;   **g)** du

Folge 4

1 z.B.: **a)** –;   **b)** –;   **c)** ++;   **d)** +;   **e)** –;   **f)** –;   **g)** +;   **h)** ++
2 **a)** SCH;   **b)** SCH;   **c)** SCH;   **d)** PB;   **e)** PB;   **f)** GR;   **g)** SCH;   **h)** GR;   **i)** GR;   **j)** SCH;   **k)** SCH (GR)
3 **1:** b;   **2:** c;   **3:** f;   **4:** e;   **5:** a;   **6:** d

4 a) 6; **b)** 5; **c)** 4; **d)** 1 (2); **e)** 7; **f)** 1 (2); **g)** 2 (3)

z.B.: **1.** Gröger: „Sie ist gefährlich." **2.** Schlock: „Gröger! Sehen Sie, sie steigt aus!" **3.** Gröger: „Warten, warten, immer warten. Das ist doch idiotisch." **4.** Schlock: „Meine Fahrkarte? Warum denn?" **5.** Schlock: „Ach so, Moment. Hier ist sie." **6.** Schlock: „Mein lieber Schlock; was wollen Sie? Ich finde, das ist ganz normale Arbeit!" **7.** Gröger: „Biester sind das!"

5. z.B.: **a)** +++; **b)** ++; **c)** +; **d)** +; **e)** +/++; **f)** ++; **g)** +++; **h)** +

Folge 5

1 a) die Tür – in das Haus **b)** einen Brief **c)** Der Brief **d)** seinen Kollegen **e)** den Brief **f)** Der Brief – ein Beweis **g)** den Namen – die Adresse **h)** einen Park **i)** den Brief – ihn

2 z.B.: **a)** 4 (1); **b)** 3; **c)** 5; **d)** 1, 4(3); **e)** 2; **f)** 1 (5); **g)** 3 (4)

z.B.: **1.** Zuerst holt Zaza den Pass ab. **2.** Dann nimmt sie den Zug nach Warschau. **3.** Danach fährt sie durch die Zollkontrolle. **4.** Später trifft sie in Warschau einen Kontaktmann. Sie steigt in seinen Wagen ein. **5.** Zuletzt gibt sie das Paket ab. Sie verlangt eine Quittung.

3 <u>Personen/Namen:</u> die Mystery Corporation; der Joker, Charly; ein Freund; der Professor S.; Zebra / <u>Ortsangaben:</u> New York; bei Charlie; dort; nach Warschau; durch die Kontrolle; in Warschau; nach Berlin; bei Professor S. / <u>Zeitangaben:</u> wenig Zeit; bis zehn Uhr; um zwölf Uhr; wie immer / <u>wichtige Objekte:</u> die Adressen; das Paket; der Pass; der Mercedes; die Nummer 23-444; die Quittung; das Geld

4 a) Rufen Sie den Joker an. **b)** Holen Sie dann die Adressen und das Paket bei Charlie ab. **c)** Nehmen Sie den Schnellzug nach Warschau. **d)** Gehen Sie durch die Passkontrolle. **e)** Treffen Sie in Warschau einen Freund. **f)** Steigen Sie in sein Auto ein. **g)** Fragen Sie ihn nicht, wohin er fährt. **h)** Geben Sie das Paket ab und gehen Sie wieder weg. **i)** Nehmen Sie den Zug zurück nach Berlin. **j)** Holen Sie das Geld bei Professor S. ab.

5 a) Warum **b)** Woher **c)** Wer **d)** Warum **e)** Wo **f)** Wie lange **g)** Wohin **h)** Für wen **i)** Wie viel **j)** z.B.: Wer ist Zebra? **k)** z.B.: Warum will die Mystery Corporation eine Quittung haben?

Folge 6

1 z.B.: **a)** ..., dass Zaza Ausländerin ist. **b)** ..., dass der Pass nicht echt ist. **c)** ..., dass Zaza nicht zum ersten Mal mit Zebra zusammenarbeitet. **d)** ..., dass dieser Plan gefährlich ist. **e)** ..., dass der Professor auch für die M.C. arbeitet. **f)** ..., dass Zaza Charly und den Joker schon kennt. **g)** ..., woher Zaza diese Mystery Corporation kennt. **h)** ..., warum sie einen neuen Pass braucht. **i)** ..., wer Zebra ist. **j)** ..., was Zaza in Warschau macht. **k)** ..., für wen die Adressen sind. **l)** ..., wie viel Geld es bei Professor S. gibt?

2 1: der Brief; **2:** Zaza; **3:** der Joker; **4:** das Paket; **5:** das Geld

3 a) Dieser Brief kommt aus Amerika. **b)** Diese Zaza ist Ausländerin. **c)** Dieser Joker ist der Kontaktmann in Berlin. **d)** Dieses Paket ist vielleicht Kokain. **e)** Dieses Geld! Diese Leute haben viel Geld.

a) ... sind kriminell **b)** ... Spione **c)** ... die Mafia **d)** ... fünfzigtausend, vielleicht fünfzig Millionen Mark – oder Dollar.

4 Kommentare: **a)** 2; **b)** 3; **c)** 4; **d)** 1; **e)** 3; **f)** 2; **g)** 3; **h)** 4

Gröger: z.B. a) e) f) / Schlock: z.B. b) c) d) g)

Folge 7

1 z.B.: **a)** 6; **b)** 5; **c)** 2; **d)** 3; **e)** 1; **f)** 4

<u>Variante A</u>, z.B: Gröger und Schlock laufen hinterher. Sie rufen die Kinder, aber die Kinder geben keine Antwort. / <u>Variante B</u>, z.B: Gr. und Sch. werden ganz nervös. Sie haben Angst. Sie stehen auf und sie laufen weg. / <u>Variante C</u>, z.B: Gr. und Sch. sind überrascht. Der Joker fragt sie, was sie hier machen. Aber die beiden Männer wollen keine Antwort geben.

2 a) F; **b)** F; **c)** F; **d)** F; **e)** F; **f)** F; **g)** R

3 a) ... **b)** Vorher hatte er keine Lust mehr. Jetzt will er wieder mitmachen **c)** Vorher hatte er Hunger. Jetzt ist er nicht mehr hungrig. **d)** Vorher war er deprimiert. Jetzt ist er wieder optimistisch. **e)** Vorher wollte er schlafen. Jetzt ist er wieder ganz wach.

4 z.B.: **a)** gut (Sie sagt „du") **b)** den Plan **c)** ärgerlich

5 Reihenfolge der möglichen Repliken: d); e); f); a); k); j); i); h); b); g); c)

Folge 8

1 **a)** waren **b)** hatten **c)** war **d)** war **e)** hatten **f)** wollte **g)** hatte **h)** wollte **i)** war **j)** waren **k)** wollten **l)** war **m)** wollten **n)** war **o)** hatten **p)** war **g)** hatten **r)** war **s)** hatte **t)** wollte **u)** war **v)** war **w)** waren

2 Schlock x

3 eine U-Bahn: 2 / g – f ; Berlin: 1/j ; New York: 3 / h, i, l; ein Taxi: 4 / d ; ein Korridor : 5 / a, b ; ein Aufzug: 6 / k; ein Dach: 7 / e, c

4 **a)** ... hält nicht. **b)** sehen gefährlich aus. **c)** ... bringt ihn zur Fifth Avenue. **d)** ... ist wahrscheinlich voll Geld. **e)** ... fährt sehr schnell **f)** ... sieht wie eine Puppe aus.

5 z.B.: **a)** ... **b)** ... **c)** ..., weil die beiden Männer seinen Pass kontrollieren wollen. **d)** ..., weil es wieder hell wird. **e)** ..., weil er das Geld wieder verloren hat **f)** ..., weil er Zaza im Aufzug trifft. **g)** ..., denn er findet diese Frau wunderbar. **h)** ..., denn er hat den Koffer gestohlen. **i)** ..., denn Zaza sagt kein Wort.

Folge 9

1 **a)** Zuerst ist er in Berlin gewesen. **b)** Er ist in eine U-Bahn eingestiegen. **c)** Aber er hat Angst gehabt, denn der Zug hat nicht gehalten. **d)** Später ist er in New York angekommen. **e)** Zwei Männer haben dort auf ihn gewartet. **f)** Er ist weggelaufen, weil sie gefährlich ausgesehen haben. **g)** Zum Glück hat er ein Taxi gefunden. **h)** Plötzlich hat er einen Koffer voll Geld gehabt. **i)** Aber später hat er das Geld leider wieder verloren. **j)** Dann hat er Zaza in einem Aufzug getroffen. **k)** Er hat ihr gesagt, dass er sie liebt. **l)** Er hat sie angefasst, doch sie ist kalt wie eine Puppe gewesen. **m)** Dann sind sie auf dem Dach angekommen. **n)** Er ist gelaufen und schließlich ist er aufgewacht.

2 z.B.: **1:** e; **2:** b; **3:** d; **4:** c; **5:** a

3 **a)** gearbeitet **b)** um halb zwei **c)** hat ihm nichts gesagt **d)** ist er wieder eingeschlafen

4 **a)** Wir haben sie gefunden. **b)** Wir haben sie geöffnet. **c)** Wir haben sie gestohlen. **d)** Wir kontrollieren es. (Wir haben es kontrolliert.) **e)** Wir sind nach Warschau gefahren. **f)** ... **g)** ... **h)** Wir kennen **i)** Wir wissen **j)** Wir wissen **k)** Wir wissen **a)** F; **b)** F; **c)** F; **d)** R

5 **a)** ... nicht <u>einen ganzen Tag</u> lang gewartet, ... **b)** ... wissen <u>nicht alles</u> über Zaza, ... **c)** <u>kontrollieren nicht ihr Telefon</u> / sie haben <u>nicht alle</u> Telefongespräche gehört, ... **d)** ... <u>nicht alle</u> Briefe gelesen, ... **e)** <u>Nicht sie</u> haben die Tür geöffnet, ... **f)** Sie sind <u>nicht nach Warschau gefahren</u>, ... **g)** ... kennen <u>nicht alle</u> Kontaktmänner in Warschau (und ihre Autonummern), ...

Folge 10

1 Stuhl: 2; Tisch: 1; Tischdecke: 3; Zeitung: 18; Kaffeekanne oder Teekanne: 9; Tasse: 5; Löffel: 6; Teller: 4; Glas: 8; Messer: 7; Brot und Brötchen: 10; Marmelade: 13; Käse: 12; Zucker: 17; Butter: 11; Honig: 19; Ei: 14; Kaffee oder Tee: 15; Milch oder Saft: 16

2 **b)** x / **d)** noch nicht **e)** schon – noch nicht **f)** schon – noch nicht **g)** noch nicht

3 **a)** 1; **b)** 1; **c)** (zuerst) 1, (dann) 2; **d)** 1; **e)** (zuerst) 1, (dann) 2; **f)** 2

4 **a)** ...schmeckt mir nicht. **b)** ... zu lange ... **c)** ... zu wenig ... **d)** ... macht mir **e)** ... dankt mir ...; ... macht mir ...; ... mir ... immer Befehle geben

5 **a)** 2; **b)** 1; **c)** 5; **d)** 6; **e)** 4 (3); **f)** 3 (2); **g)** 7

Folge 11

1 z.B.: **a)** ... hat geschneit. **b)** ... Schnee **c)** ... grau – ... Schneewolken **d)** ... unter **e)** ... friert / hat gefroren **f)** ... schneit es ...

2 **a)** ... **b)** ... Augen; eine Nase und einen Mund **c)** ... keinen Hals. **d)** ... eine Brust ... einen Bauch **e)** keine Beine und keine Füße. **f)** ... Arme und Hände ... **g)** ... einen Hut ... eine Schaufel

3 **a)** 4; **b)** 3; **c)** 1; **d)** 2; **e)** Schlock bringt Gröger ... **f)** Ein Kind gibt Schlock ... **g)** Schlock schenkt den Kindern ... **h)** Gröger schenkt/gibt den Kindern ...

4 ... wie die Szene endet x : Der Schneemann ist schon fertig!
1: c; **2:** e; **3:** b; **4:** g; **5:** a; **6:** d; **7:** h; **8:** i; **9:** f

5 **a)** nach Sequenz 8 – vor Sequenz 9; **b)** nach 9; **c)** (vor) nach 1 – vor 2; **d)** nach 7 – vor 8

Folge 12

1 A: Heizung (die); B: Wasserkocher (der); C: Bügeleisen (das) / A: 1; B: 3; C: 2 / die Heizung
2 a) Dort ist es warm.   **b)** Seit einem Monat.   **c)** Das ist ihm zu kompliziert.   **d)** 20 DM   **e)** Kein Hausmeister (in Berlin) arbeitet ohne (Trink)Geld.
3 a) müssen – können   **b)** müssen – können   **c)** können – müssen   **d)** kann – muss   **e)** müssen
4 Schlock: **a)** faul   **b)** verschwenderisch   **c)** unehrlich   **d)** unzuverlässig   **e)** unvorsichtig
5 Ich: **a)** kann   **b)** muss   **c)** muss   **d)** kann
   Schlock: **e)** Hoffentlich   **f)** Leider   **g)** Leider   **h)** Hoffentlich   **i)** Leider

Folge 13

1 a) zum   **b)** mit   **c)** zur   **d)** mit   **e)** auf   **f)** seit   **g)** Bei   **h)** im   **i)** mit   **j)** für   **k)** von   **l)** aus
2 a) Ja   **b)** Vielleicht   **c)** Nein   **d)** Vielleicht   **e)** Nein
3 1: b;   **2:** d;   **3:** e;   **4:** a;   **5:** c
   a) nach Hause   **b)** in ihrer Wohnung   **c)** am Fenster   **d)** in ihre Wohnung   **e)** ins Schlafzimmer   **f)** in der Hand   **g)** Im Schlafzimmer – auf einen Tisch   **h)** auf diesen   **i)** auf dem Stuhl   **j)** ans Fenster
4 a) ...   **b)** ..., die im 2. Stock rechts liegt, ...   **c)** ..., der links neben Zaza wohnt, ...   **d)** der ihn mit dem Fernglas beobachtet hat, ...   **e)** ..., der das Geld für Zaza hat. **f)** ..., das er Zaza gezeigt hat, ...   **g)** ..., die aus dem Fenster geschaut und noch einmal gelächelt hat, ...

Folge 14

1 a) will/möchte – will/möchte   **b)** will/möchte   **c)** will/möchte   **d)** muss (will)   **e)** können   **f)** dürfen
   g) sollst   **h)** dürfen/können   **i)** kann   **j)** sollen/müssen   **k)** soll/darf   **l)** können
2 zu Hause: x;   **a)** x;   **b)** –;   **c)** x;   **d)** x;   **e)** x;   **f)** x;   **g)** –
3 a) darf   **b)** soll   **c)** musst   **d)** soll   **e)** möchte   **f)** soll   **g)** dürfen   **h)** soll   **i)** soll   **j)** musst   **k)** sollen
4 a) 5;   **b)** 2;   **c)** 6;   **d)** 1;   **e)** 3;   **f)** 4

Folge 15

1 analytisch: Stärken a); c); d); e); h); k) / Schwächen m); n); q)
   global: Stärken: b); f); g); i); j) / Schwächen: l); o); p); r)
2 a) ... mit den Präpositionen   **b)** ,..., was richtig und was falsch ist. /   **c)** –;   **d)** –;   **e)** x /   **f)** Die mag ich nicht. Die sind schrecklich.   **g)** Keine Ahnung! Das lerne ich nie.   **h)** Lieber bleibe ich gleich zu Hause.   **i)** Das ist noch lange nicht alles. Es kommt noch viel schlimmer.   **j)** Kein Wunder, dass ...
3 a) der   **b)** den ... dem ... den ... dem   **c)** sein ... die   **d)** der   **e)** den   **f)** dem   **g)** die   **h)** der

Folge 16

1 1: d;   **2:** c;   **3:** g;   **4:** k;   **5:** a;   **6:** l;   **7:** e;   **8:** b;   **9:** h;   **10:** f;   **11:** j;   **12:** i
2 wahrscheinlich: vornehm/teuer / Speisen: Kaviar, Gänseleberpastete / Getränke: Champagner / fast 500 DM /
   b) x
3 a) Gröger **b)** Schlock
   a) SCH; **b)** GR; **c)** SCH; **d)** GR; **e)** GR; **f)** SCH; **g)** GR
4 a) Ja   **b)** Ja   **c)** Nein   **d)** Ja   **e)** Ja   **f)** Nein   **g)** Ja   **h)** Nein / „ Die habe ...": die Handtasche von Zaza
5 a) 7;   **b)** 6;   **c)** 5);   **d)** 2;   **e)** 8;   **f)** 4;   **g)** 1;   **h)** 9

Folge 17

1 a) aßen   **b)** entdeckten   **c)** saß   **d)** ließ   **e)** rief   **f)** wollte   **g)** kam   **h)** brachte   **i)** ging   **j)** fand
   k) lag   **l)** liefen   **m)** hatten   **n)** fanden   **o)** wollten
   a) 3;   **b)** 4, 6;   **c)** 1, 4;   **d)** 5;   **e)** 1, 4, 6;   **f)** 2, 6
2 der Kellner / ... sollen ihm folgen / ... ihm die Tasche geben / ... ihm Geld geben
   Wir wollten sie zurückbringen. / Wir kennen die Dame, ... / ...müssen 200 Mark bezahlen
3 c) x;   **f)** x;   **h)** x;   **k)** x;   **l)** x
   Name: Zapanopoulos; Vorname: Zazia; Geburtstag:1967; Geburtsort: Rio de Janeiro/Brasilien

4 a) ..., der sie im Restaurant bedient hat, ist dieser Charly.   **b)** ..., die sie suchen, ist in Brasilien geboren.
c) ..., den sie in der Tasche gefunden haben, ist wahrscheinlich falsch. .   **d)** ..., das auch in der Tasche war, beweist, dass Zaza nach Frankfurt fliegen will.   **e)** ..., die auf der Liste stehen, heißen Helmut Schmidt.

Folge 18

1 a) wollte – stand   **b)** hieß – wussten   **c)** nahm ... ab   **d)** mussten – hatte   **e)** brachte   **f)** sah – war
g) stand   **h)** warteten   **i)** sahen ... aus   **j)** hatte – wollte   **k)** erklärte – suchte – interessierte.   **l)** diskutierten – waren **m)** wollten   **n)** gab   **o)** öffneten – zeigten   **p)** gab – hießen   **q)** ging ... fort   **r)** fehlten

2 a) früh am Morgen   **b)** ... rasiert sich gerade   **c)** ...wäscht sich gerade die Hände.
z.B.: **d)** x;   **e)** x;   **f)** x;   **g)** x;   **h)** x;   **i)** –

3 a) 6   **b)** 3   **c)** 8 (2)   **d)** 4   **e)** 1   **f)** 7 (2)   **g)** 2 (7)   **h)** 5

4 Besucher: der Joker. Er kommt als Freund / Personen: Zaza; die Chefin; Charlie; die Mystery Corporation / Orte: Warschau; Frankfurt; New York; / Dinge: ein Flugticket; Geld

5 a) ..., weil die Chefin nicht zahlt.   **b)** ..., denn sie hat sich über Sie geärgert   **c)** ..., weil Sie sie wunderbar finden   **d)** ..., denn sie will nur ihre 10% verdienen   **e)** ..., weil das Ihre Sache ist   **f)** ..., deshalb müssen Sie sich beeilen   **g)** ..., denn wir haben die gleichen Interessen.

Folge 19

1 a) weil   **b)** denn   **c)** deshalb   **d)** denn   **e)** deshalb   **f)** mir   **g)** mich   **h)** uns   **i)** sich   **j)** mir   **k)** mich
l) sich
Schlock: **b)** „Vertrauen wir dem Joker!" Gröger: „Wir sollten lieber vorsichtig sein." Gröger: **c)** „Informieren wir sofort die Chefin!" Schlock: „Wir sollten der Chefin lieber nichts davon sagen!"

2 a) Schlock ist ... dafür: **a) b) c)**   ... dagegen: **d)** / Gröger ist ... dagegen: **a) b) c)**   ... dafür: **d) e)** Gott sei Dank!   **f)** Hände weg!   **g)** Ach die!   **h)** Immer mit der Ruhe (mein Lieber)!

3 a) ... **b)** ...   **c)** ..., endlich mal reich zu sein   **d)** ..., das Geld des Jokers anzunehmen   **e)** ..., mit dem Joker zusammenzuarbeiten / **f)** ..., das Geld zu behalten   **g)** ..., diesem Joker nicht zu vertrauen   **h)** ..., der Chefin über den Besuch zu berichten   **i)** ..., seinen Kollegen zu überzeugen   **j)** ..., in ein Flugzeug einzusteigen.

4 z.B.: GR: **a)** ...   **b)** Wenn du das Geld annimmst, informiere ...   **c)** Wenn du mit dem Joker zusammenarbeitest, mache ... / SCH: **d)** Wenn du das Geld nicht haben willst, dann ...   **e)** Wenn du nicht mitkommst, fliege ...;   **f)** Wenn du dich nicht beeilst, kommen ...

Folge 20

1 1: m;   **2:** l;   **3:** o;   **4:** k;   **5:** q;   **6:** i;   **7:** j;   **8:** n;   **9:** f;   **10:** c;   **11:** h;   **12:** d;   **13:** g;   **14:** b;
15: e;   **16:** a;   **17:** r;   **18:** p

2 a) x;   **b)** x;   **l)** x;   **o)** x
a) ++;   **b)** +;   **c)** ++;   **d)** ++;   **e)** +;   **f)** +;   **g)** +;   **h)** ++;   **i)** ?

3 z.B.: **a)** oft (immer) **b)** manchmal (meistens) (oft)   **c)** manchmal (meistens) (oft)   **d)** nie   **e)** selten (manchmal) /   **f)** ...   **g)** eine geheimnisvolle Frau zu finden   **h)** ... in die Frau verliebt zu sein   **i)** ..., diese Frau zu bewundern   **j)** ..., ein neues Abenteuer zu beginnen   **k)** ..., einen kühlen Kopf zu behalten

Folge 21

1 z.B.: **1:** c;   **2:** a;   **3:** d;   **4:** b;   **5:** e;   **6:** f
1) Zuerst müssen sie ein Flugticket kaufen. **2)** Dann können sie einen Flug reservieren.
3) Danach müssen sie einchecken. **4)** Gleichzeitig haben sie ihr Gepäck aufzugeben. **5)** Später müssen sie durch die Sicherheitskontrolle gehen. **6)** Schließlich dürfen sie ins Flugzeug einsteigen.
z.B.: **c)** x (im Prinzip) – aber es gibt viele Ausnahmen: **h)** x   **e)** x   **b)** x

2 z.B.: Die Antworten sind nicht klar. / Gröger und Schlock sind ungeduldig.

3 a) R;   **b)** F;   **c)** ?;   **d)** R;   **e)** F;   **f)** R;   **g)** R
Zahl der Flüge: werktags: 18 / am Wochenende: 14 / Rhythmus: stündlich
9:45 : Um Viertel vor zehn – f) ; 9:55 : Um fünf vor zehn – c); 10:15 : Um Viertel nach zehn – b); 10:40 :
Um zwanzig vor elf – e); 11:15 : Um Viertel nach elf – a); 11:45 : Um Viertel vor zwölf – d)

4 a) schlechten **b)** kleinen **c)** neue **d)** verspäteten **e)** gewünschten **f)** jungen **g)** derselben
h) beiden letzten
z.B.: **a)** pünktlicher **b)** kürzer **c)** freundlicher **d)** bequemer **e)** besser **f)** billiger **g)** kompetenter

Folge 22

1 a) R; **b)** F; **c)** R; **d)** F; **e)** R; **f)** R (Es gibt noch Ausnahmen.)
a) ... **b)** Er hat die Bodenstation über die Position zu informieren. **c)** Er hat die ... an Bord der Maschine zu begrüßen. **d)** Er hat die ... sicher ans Reiseziel zu bringen. **e)** Sie haben den ... ihren Platz zu zeigen. **f)** Sie haben den ... die Sicherheitsvorschriften zu erklären. **g)** Sie haben die ... zu beruhigen, wenn es Probleme gibt. **h)** Sie haben sich während des Flugs um die ... zu kümmern.
2 a) jung **b)** schreit **c)** trinkt Whisky **d)** schläft **e)** klein und komisch **f)** alt, sieht nett aus **g)** hat dunkle Haare, trägt eine Sonnenbrille **h)** groß, trägt einen roten Pullover **i)** ..., die dunkle Haare hat (und die eine Sonnenbrille trägt), ... **j)** ..., der klein und komisch ist (und der links vor Gröger sitzt), ...
k) Der Herr, der den roten Pullover trägt, ... **l)** Die Frau, die so nett aussieht, ...
3 Platz: 1: Gröger; 2: die junge Frau; 3: das weinende Kind; 4: der schlafende Tourist; 6: der kleine Mann; 7: der große Herr; 8 (9): die alte Dame; 9 (8): Schlock
4 a) ... **b)** unangenehmer **c)** am unangenehmsten **d)** ... **e)** noch sonderbarer **e)** am sonderbarsten

Folge 23

1 a) 4; **b)** 5; **c)** 8; **d)** 2; **e)** 1; **f)** 6; **g)** 3; **h)** 7
2 a) ..., das ist ein Filmstudio. **b)** ..., was wir sonst machen. **c)** Ich spiele Schlock. **d)** ... links das Bild, rechts der Ton.
3 z.B.: **a)** (Er) soll schnell fahren. (Er) soll dem Wagen von Zaza folgen. **b)** (Es hat eine) Panne im Kühlsystem. **c)** Der Joker **d)** Zum Hotel, wo Zaza ist. **e)** Ziemlich teuer.
4 z.B.: **1)** k; **2)** d; **3)** e; **4)** h; **5)** f; **6)** j; **7)** c; **8)** a; **9)** i; **10)** l; **11)** b; **12)** g
z.B.: **2)** u; **4)** x; **5)** n, s; **7)** v, r; **9)** t, y; **10)** m; **11)** p; q
a) 2; **b)** 4; **c)** 1; **d)** 3

Folge 24

1 **a)** waren – angekommen **b)** hatten – genommen **c)** hatten – gegeben **d)** war – stehen geblieben ... gegangen war **e)** hatte – gehalten ... war ausgestiegen **f)** hatten – geglaubt ... gekommen war ... hatten – angenommen **g)** waren – eingestiegen ... waren – gefahren
2 **a)** Teil 3, Punkt 4; **b)** Teil 1, Punkte 1,2,3; **c)** Teil 2, Punkt 1; **d)** Teil 3, Punkt 2; **e)** Teil 3, Punkt 5
3 **a)** ..., den Kassettenrecorder in Zazas Zimmer zu stellen **b)** ..., wenn jemand zu sprechen anfing
4 z.B.: **a)** ... vergessen, Batterien zu kaufen **b)** Vielleicht hatten sie auch die Gebrauchsanweisung verloren.
c) Sie hatten sich nicht erklären lassen, wie das Gerät funktioniert. **d)** Vielleicht hatten sie auch Zazas Zimmernummer nicht herausfinden können.
5 Kassettenrecorder: kein Problem; Batterien: kein Problem; Tonbänder: ein Problem, eine Lösung; Zimmernummer: ein Problem, eine Lösung; Portier: kein Problem; Zimmertür: ein Problem, keine Lösung
a) ... die Tonbänder vergessen hatte, aber dann hatten sie sie in seiner Manteltasche gefunden. **b)** ..., welche Zimmernummer Zaza hatte, aber dann hatte Gröger den Portier gefragt. **c)** Sie hatten versucht, ..., aber leider war sie nicht aufgegangen.
z.B.: **d)** Wenn sie ins Wasser (schwimmen) gegangen sind , ... **e)** Wenn sie zum Abendessen gegangen sind, ... **f)** ..., worüber sie gesprochen haben / was sie gesagt haben.

Folge 25

1 z.B. **a)** Als sie wieder in ihr Zimmer zurückgekehrt waren. **b)** Sie hatten leider nicht an die Wassergeräusche gedacht. **c)** Jedes Mal, wenn jemand ins Wasser sprang oder vorbeischwamm. **d)** Doch, aber nur dann und wann (konnte man ein paar Wörter verstehen).
2 Zaza: Familie – Lebensgeschichte / der Professor: Lebensgeschichte
3 **Zaza:** <u>Zeitangaben:</u> 1975, im Sommer, Ende August, eines Tages / <u>Orte:</u> Brasilien, Rio / <u>Personen:</u> Vater, Brasilianer, Deutsche, Zazas Schwester (Tochter meiner Mutter), ein Franzose, ein Grieche / <u>andere Informationen:</u> (Vater war) deutscher Emigrant, kleiner Angestellter, nicht reich, (war eines Tages) ver-

schwunden; Zaza mit einem Griechen verheiratet, Zazas Schwester verheiratet mit einem Franzosen
Der Professor: <u>Zeitangaben:</u> seit 1954, bis Mitte der siebziger Jahre / <u>Orte:</u> Rio, Brasilien / <u>Personen:</u> – / <u>andere Informationen:</u> (hat von 1954 bis Mitte siebziger Jahre) in Brasilien gelebt

4 z.B.: Zaza ist 1967 in Rio de Janeiro geboren. Ihr Vater war deutscher Emigrant. Er war ein kleiner Angestellter und die Familie war wohl nicht sehr reich. Sie hatten keine Verwandten in Rio. Es scheint, dass ihr Vater 1975 verschwunden ist. Sie hat eine Schwester, aber es ist vielleicht nur ihre Halbschwester (eine Tochter ihrer Mutter mit einem anderen Mann?). Zaza war oder ist anscheinend mit einem Griechen verheiratet.
1. Zaza 2. Mutter 3. Vater 4. Ehemann 5. Stiefvater 6. Halbschwester 7. Schwager

Folge 26

1 z.B.: **a)** Obwohl Gröger skeptisch gewesen war, hatte die Idee von Schlock, den Kassettenrecorder unter Zazas Liegestuhl zu stellen, geklappt. **b)** Zaza und der Professor, die sich am Swimmingpool unterhalten hatten, hatten anscheinend nichts bemerkt. **c)** Als die beiden Herren dann die Kassette anhören wollten, entdeckten sie leider, dass nur ein Teil des Gesprächs verständlich war. **d)** Immer wenn jemand ins Wasser gesprungen war, war das Geräusch so laut gewesen, dass man nichts anderes verstehen konnte. **e)** Obwohl sie jetzt etwas mehr über Zazas Familie erfahren hatten, gab es für Gröger und Schlock keinen Grund, mit dem Ergebnis ihrer Aktion zufrieden zu sein. **f)** Leider mussten sie feststellen, dass sie wie immer mehr Fragen als Antworten hatten.

2 Gegenstand: Diskussion zwischen Herrn Gröger und Herrn Schlock; Datum: Freitag, 27. Mai; Uhrzeit: 18:15 bis 18:45; Ort: Zimmer Nr. 321

3 **a)** GR – SCH +; **b)** GR – SCH +; **c)** GR – SCH +; **d)** GR – SCH +; **e)** GR – SCH +; **f)** GR – SCH +;

4 z.B.: **a)** ..., dass der Professor ist in Zaza verliebt ist. / ..., ob sie mit dem Professor geschlafen hat. **b)** ..., dass Zaza mit einem Griechen verheiratet war. / ..., mit wem sie verheiratet war. **c)** ..., dass im Sommer 1975 ist etwas Schlimmes passiert ist. / ..., sich darüber Gedanken zu machen. **d)** ..., warum der Vater eines Tages plötzlich verschwunden war. / ..., dass es sich um ihren Vater handelt? **e)** ..., dass Zaza von einer Tochter ihrer Mutter spricht. / ..., was sie damit meint. **f)** ... ist das alles ziemlich geheimnisvoll. / ..., dass das alles ziemlich geheimnisvoll ist.

Folge 27

1 z.B.: **a)** GR; **b)** SCH; **c)** SCH; **d)** GR, SCH; **e)** GR, SCH; **f)** GR; **g)** GR; **h)** SCH / **i)** GR; **j)** SCH

2 z.B.: freundlich, (manchmal) ironisch

3 Personen: Gröger und Schlock; Charlie; Polizei; Professor; Mystery Corporation; Joker / Dinge: Tonband; Kassettenrecorder; U-Bahn; Handtasche; Fernglas; Reise nach Warschau

4 **a)** ... **b)** ..., weil sie sich so sonderbar benommen hatten. **c)** ..., sie im Restaurant gesehen zu haben. (..., dass sie sie ... gesehen hatte.) **d)** ..., dass sie ihr die Tasche zurückgegeben hatten. **e)** ..., Schlock mit dem Fernglas auf der Straße zu sehen. (..., als sie Schlock ... gesehen hatte.) **f)** ..., dass er (sie) sie nie angesprochen hatte (hatten).

5 **a)** ... wegen der Chefin. **b)** ..., dass sie wie zwei Vollidioten dagesessen hatten. **c)** ..., dass diese Frau gefährlich war. / **d)** ... über die Chefin. **e)** ... auf das Abendessen im Restaurant. **f)** ..., Zaza wieder-zusehen.

Folge 28

2 z.B.: 1) Gröger 2) Schlock 3) Zaza 4) Xenia (die Halbschwester von Zaza) 5) der Joker (den sie schon ken-nen) 6) Charly (der unangenehme Kellner)

3 **a)** Xenia **b)** der Joker **c)** Zaza und Xenia **d)** Gröger **e)** Charly **f)** Schlock

4 **a)** ... Ich brauche Ihre Hilfe. **b)** ..., war nur ein Test. **c)** (eine kleine Katastrophe). **d)** ... ein gutes Team werden.

5 ... einen Koffer / Gröger: Seiner ist kleiner, aber dafür ist er eleganter/leichter als der ... / Schlock: Seiner ist größer, aber ... nicht so elegant/leicht ...

6 **a)** „Ich brauche Sie alle beide." („Zusammen kann aus Ihnen ein gutes Team werden.") **b)** „Wir haben noch viel vor." **c)** „Ich trinke auf unsere zukünftigen Pläne." **d)** „Die Koffer: Die werden Sie noch brauchen können."